Kurt Gerber   Schweizer Originale   Band 5

Die Deutsche Bibliothek – CIP-Einheitsaufnahme
Schweizer Originale : Porträts helvetischer Individuen. –
Basel : F. Reinhardt
Teilw. im Nebelspalter-Verlag, Rorschach

Bd. 5. / Kurt Gerber (Autor) ; Hans A. Jenny (Hrsg.), 1999
ISBN 3-7245-1073-X

Alle Rechte vorbehalten
© 1999 by Friedrich Reinhardt Verlag Basel
Lithos: Reinhardt Druck Basel
Printed in Switzerland by Reinhardt Druck Basel
ISBN 3-7245-1073-X

Kurt Gerber

Schweizer Originale
Band 5

Porträts helvetischer Individuen

Herausgeber: Hans A. Jenny

Friedrich Reinhardt Verlag Basel

Inhalt

Mut zum Charakterprofil	9
Jean Tinguely – *ein Museum für «schräge Kunst»*	11
T.B.A.P.v.H. Paracelsus – *der Alchemist aus Einsiedeln*	19
Toya Maissen – *eine Bündnerin in Basel*	33
Anton Bernhardsgrütter – *drei Menschen in einem Original*	43
Joseph Fäsch – *Napoleons Onkel*	49
Giovanni de Castelmur – *das Zauberschloss in den Alpen*	55
Léopold Robert – *ein Künstlerleben*	59
Alfred Hirschi – *der Glöckner von Zug*	69
Mäni Weber – *der Star ohne Schirm und Melone*	73
Francesco Borromini – *vom Aussiedler zum Einsiedler*	87
Rolf Zinkernagel – *der Nobelpreisträger von nebenan*	93
Heinrich Gretler – *wortkarger Wortbewunderer*	101
Otto Ineichen – *ein sachlicher Provokateur*	109
Zürcher-Uli – *Wunderdoktor für Mensch und Tier*	117
Niklaus Riggenbach – *die Bahn lernt klettern*	121
Die Baronin von Saint-Léger – *Abenteuerin auf der Insel*	127
Catharina Sturzenegger – *ein Leben für den Frieden*	129
Anna Waser – *Miniaturen für Monarchen*	133
Wehrhafte Schweizerinnen	135
Quellen	139
Noch mehr Schweizer Originale!	144

Mut zum Charakterprofil

Je mehr «Schweizer Originale» unser Team vorstellt, umso grösser ist die Freude jener Leser und Leserinnen, die ihr Vater- respektive Mutterland noch herzlich lieben und die gerne mehr über das Leben charakterstarker, eigenwilliger, witziger und/oder prominenter eidgenössischer Galionsfiguren erfahren möchten.

Was für viele Menschen anderer Länder als selbstverständlich gilt – das Suchen nach der ethnischen Basis und das Bewahren eigenständigen Brauchtums –, das darf in Zeiten der Globalisierung und der Multikultur ganz gewiss auch für uns Schweizer und Schweizerinnen gelten.

Solche Wurzeln finden sich besonders in den Biografien profilierter Gestalten unserer Geschichte und unserer Gegenwart. Die eidgenössische Kultur ist reich an sympathischen, sich durch besonderen, unverwechselbaren Lebensstil auszeichnenden Repräsentanten: In den Bänden 1 bis 4 haben wir schon rund 100 helvetischen Individuen das Prädikat «originell» zugesprochen.

Im vorliegenden fünften Band unserer Serie dürfen wir zwanzig weitere Frauen und Männer vorstellen, die aus den verschiedensten Lebensbereichen und Kantonen stammen: Architekt und Naturheiler, Filmschauspieler und Kardinal, Journalistin und Porträtistin, Nobelpreisträger und Kaufmann, Wunderdoktor und Zahnradpionier, Inselbesitzerin und Heldinnen, Palazzogestalter und Universalartist – sie alle sind in unserer breit gefächerten Schau ausserordentlicher Charakterfiguren vertreten.

Sie bilden durch ihre einzigartige Lebensgestaltung auch ein bereicherndes Element im Gesamtkolorit unseres Landes. In diesem Sinne betrachten wir die Bezeichnung «Schweizer Original» durchaus als Ehrentitel, weil es nicht nur in der Ver-

gangenheit, sondern vielleicht noch mehr in unserer nivellierenden Gegenwart viel Mut und Zivilcourage dazu braucht, ein spezieller Mensch ausserhalb der gängigen Norm zu sein.

Der Basler Publizist Kurt Gerber ist als versierter Lebenskünstler selber ein sympathisches Original. Als früherer langjähriger Mitarbeiter des «Nebelspalters», als Redaktor einer Rätsel-Zeitschrift, als vielseitig interessierter Kulturschaffender und als Organisator von baslerisch-witzigen gesellschaftlichen Anlässen hat der Autor dieses fünften Bandes der «Schweizer Originale» vielfältige Publikumskontakte genossen. In seinem ganz persönlichen Stil zeichnet Kurt Gerber die von ihm ausgewählten Persönlichkeiten mit dokumentierter Genauigkeit, mit Humor, und, hie und da, auch mit einer Prise fröhlich-liebenswürdiger Ironie.

Im Quellenverzeichnis publizieren wir nicht nur die direkt zu Rate gezogenen Schriften, sondern auch ergänzende Literatur von Autoren und Autorinnen, die sich mit den betreffenden Menschen auseinandergesetzt haben.

Durch diese nützlichen Hinweise auf ältere und neuere Grundlagen wird es der bildungsfreudigen Leserin und dem neugierigen Leser möglich, ein vertieftes Studium der in unseren Kurzbiografien ja eigentlich nur «angetippten» Schweizer Originale zu pflegen.

Das Wohlwollen des Publikums, das wir – belegt durch rund 20 000 verkaufte Exemplare – schon bisher erfahren durften, wird gewiss auch diesem «Opus 5» zum Erfolg verhelfen.

Durch anhaltend positives Echo und interessierten Zuspruch werden wir uns noch so gerne ermuntern lassen, weitere Bände «Schweizer Originale» zu gestalten.

So wird sich durch diese bunte, würdige und amüsante Ergänzung unser kulturgeschichtliches Gesamtwerk über schweizerische biografische «Sonderfälle» allmählich zur kompletten Serie erweitern. Als Herausgeber ist es mir ein Herzensanliegen, in diesen Büchern auch einen durchaus berechtigten bescheidenen Stolz über die Vielfalt faszinierender Profile unseres Landes anklingen zu lassen.

Hans A. Jenny

Jean Tinguely –
ein Museum für «schräge Kunst»

Sehen wir einmal von Kennern der Kunstszene ab, so hat das Schweizervolk von der Existenz des Jean Tinguely spätestens 1964 Kenntnis genommen, als in Lausanne an der EXPO, der damaligen Landesausstellung, seine «Heureka» zur Schau gestellt wurde.
Auch Menschen, die der Kunst nur «en passant» begegnen, fanden die Konstruktion witzig.
«Ich bin Jean Tinguely – und ich baue Maschinen, die zu nichts dienen!», verkündigte der am 22. Mai 1925 in Fribourg geborene Künstler, wenn man ihn nach seinem Beruf fragte.
Im Basler Warenhaus «Globus» lernte «Jeannot» Dekorateur. Nach sechs schriftlichen Mahnungen folgte im Sommer 1943 die fristlose Entlassung, weil die Kluft zwischen der verlangten beruflichen Disziplin und Tinguelys unbändigem Freiheitsdrang zu gross war. Auch in einer zweiten Stellung klappte es nicht: Der Auftraggeber wünschte zur Weihnachtszeit einen schönen Engel im Schaufenster – Tinguely jedoch malte nur eine schwarze Wand. Als der Chef reklamierte, er sehe überhaupt nichts, meinte unser Original lakonisch: «Haben Sie denn schon einmal einen Engel gesehen?»
1948 schuf er in Paris einen Pavillon für die Frauenbewegung, heiratete dann Eva Aeppli, die Mutter seiner bereits zwei Jahre alten Tochter und logierte in Basel recht vornehm im «Burghof», einer zum Abbruch bestimmten Patriziervilla.
1959 präsentierte Jean in Paris und in Düsseldorf seine fünf «Métamatics»-Malmaschinen als witzige Satire auf den damals grassierenden Tachismus.
In Düsseldorf liess der Künstler zu dieser Ausstellung 15 000 Flugblätter mit einem Manifest abwerfen: «Gebt es auf», hiess es in dieser «Luft-Proklamation», «immer wieder von

Jean Tinguely vor dem «grossen Luminator».

Das Basler Tinguely-Museum, erbaut vom Tessiner Stararchitekten Mario Botta – finanziert vom kürzlich verstorbenen Mäzen Paul Sacher.

neuem ‹Werte› aufzustellen, die doch in sich zusammenfallen. Seid frei, lebt!»
Ein grosses Medienecho erreichte Tinguely im März 1960 in den Vereinigten Staaten mit seiner «Hommage an New York» – eine Schrott-Skulptur, die sich schliesslich im Garten des Museums of Modern Art unter Donner und Blitz in Flammen und Rauch selbst zerstörte.
Zurück in Paris traf er Salvador Dali, war Mitbegründer der «Nouveaux Réalistes» und lernte Niki de Saint-Phalle kennen, die 1961 seine zweite Frau wurde.
1969 kam Tinguely wieder in die Schweiz und kaufte in Neyruz bei Fribourg einen Bauernhof. Die Ausstattung der

Räume vollzog sich keineswegs nach bürgerlichen Massstäben. So stand zum Beispiel im Schlafzimmer der «Lotus», mit dem Jim Clark 1965 die Weltmeisterschaft der Formel 1 gewonnen hatte. Für spezielle Gäste liess Jean jeweils die immer noch fahrbereite Maschine gerne «Indoor» dröhnen. Freilich verlängerte er die Auspuffe mit Gummischläuchen und leitete so die Abgase aus dem Fenster.

In seiner Vorliebe für das Spielerische ohne unmittelbaren Sinn und Zweck verspürte Tinguely eine grosse Faszination für den Autorennsport. Er war auch mit dem Freiburger Formel-1-Piloten Jo Siffert befreundet.

Als Mitglied der Basler Fasnachtsclique der «Kuttlebutzer» sorgte der «Mann aus Fribourg» für besondere Happenings. So hatte zum Beispiel die Aktion von 1974 ein gerichtliches Nachspiel, als Tinguely beim Vorbeizug des Cliquenwagens vor dem hohen Fasnachtscomité ein pyromanisches Feuerwerk entzündete. Ein ausgefallenes Schauspiel war es jeweils auch, wenn Jeannot aus Neyruz anreiste, den Mercedes vollgepropft mit Altstoffen aller Art, um den «Kuttlebutzern» seine Ideen vorzutragen, wie für die kommende Fasnacht all der Schrott zu Kostümen verwendet werden könnte.

Die unbeschwert chaotisch sprudelnden Gedanken wirkten dann ansteckend auf die ganze Gruppe. Für jedermann sichtbar ist dieses Sprudeln in Basel seit 1977. Der Brunnen auf dem Theaterplatz – im Sommer als Erfrischung und im Winter als Eisplastik-Arrangement – war Tinguelys erstes Wasserspiel. Sechs Jahre später schuf er den Strawinsky-Brunnen in Paris in Zusammenarbeit mit Niki de Saint-Phalle und dann auch den Jo-Siffert-Brunnen in Fribourg.

Die Begeisterungsfähigkeit war ein ausgeprägtes Markenzeichen dieses regen Kopfes. Das wurde auch 1985 deutlich, als Tinguely als prominenter Redner bei der Jungbürgerfeier in der Basler Martinskirche mit seiner freien Ansprache ohne Manuskript von der Kanzel herab die Zuhörer in seinen Bann zog.

In ihrem Tinguely-Nekrolog in der «Neuen Zürcher Zeitung» schrieb Irene Meier: «Legendär sind seine Briefe, die

«Jeannot» in nachdenklicher Pose.

Jean Tinguely und seine Gönnerin Maja Sacher auf dem Pratteler Schönenberg im Februar 1978. Der Künstler und seine Mäzenin führten eine anregende Korrespondenz, wobei Tinguely immer wieder mit originellen Briefcollagen überraschte.

er an Freunde verschickte, und die, obwohl x-tausend Franken wert, auch tatsächlich beim Empfänger ankamen. Es sind kleine Kunstwerke, farbsprühende Zeichnungen mit kunstvoll eingeflochtenen schriftlichen Botschaften. Auf dem Tisch in der Küche der ‹Verrerie›, einer alten Glasfabrik, die er zu seinem grosszügigen Atelier und ‹Anti-Museum› gemacht hatte, lag stets ein Vorrat an Kitschbildchen, Fasnachtsschlangen, Konfetti und – je nach Saison – Schokoladenhasen in bunten Cellophanhüllen oder Samichläusen, in farbiges Papier gehüllt, die er genüsslich ass, um die Verpackung für seine Collagen zu nutzen. Lustvoll wie ein Kind beim Malen fertigte er so ganz nebenbei aus diesem ‹Material› seine Zeichnungsbriefe an.»

Jean Tinguely schuf bis zu seinem Tode am 30. August 1991 Hunderte von klirrenden und scheppernden, wasserspeienden und musizierenden, ratternden und brummenden sinn- und zwecklosen «Objekten», die heute noch von Abertausenden im Basler Tinguely-Museum bestaunt werden.

In der Spätphase seines Schaffens gesellten sich Elemente des Sakralen, Mystischen und Dämonischen zum bisherigen Ausdruck der puren Lebensfreude. Noch in seinem Todesjahr aber war es ihm vergönnt, ein letztes Mal mit fantasievollen Skulpturen Schabernack zu treiben: Die von ihm eingerichtete Bar «Le Tinguely» im Lausanner Palace Hotel ist heute ein gut besuchter Treffpunkt der städtischen Kunstszene.

Vergleichbar mit Komponisten hinterlässt auch der «Meister der anarcho-chaotischen Technik- und Schrott-Spässe» eine «Unvollendete»: In den letzten beiden Jahrzehnten seines Lebens arbeitete er mit Niki und seinem Freund Bernhard Luginbühl an der Errichtung einer Werkstatt für Kreativität in der Form eines begehbaren Kopfes in der Nähe von Paris. Dieses Zentrum sollte sich zu einem Gesamtkunstwerk entwickeln. Tinguely wünschte sich «eine Wahnsinnskonstruktion, die alles hat, was man sich nur ausdenken kann an Unlogik ...»

T.B.A.P.v.H. Paracelsus –
der Alchemist aus Einsiedeln

Wenn einer Theophrastus Bombastus Aureolus Philippus von Hohenheim heisst und Arzt ist, so sind wir beinahe schon geneigt, uns einen eleganten Herrn mit gepflegten Manieren vorzustellen. So eine Art Paradegentleman aus dem Benimmbuch des Freiherrn von Knigge.
Im Falle des Theophrastus Bomba… (– aber nennen wir ihn doch gleich «Paracelsus», obwohl er unter diesem Pseudonym erst im letzten Viertel seines Lebens in Erscheinung trat) sind jedoch etliche Abstriche hinsichtlich des feinen Auftretens angebracht.
Geboren wurde er an der Einsiedler Teufelsbrücke. Die vermutlichen Daten reichen vom 10. November 1493 bis ins erste Halbjahr 1494.
Vater Wilhelmus war ein schwäbischer Arzt, Mutter Els entstammte einer Familie Ochsner, die mit dem Benediktinerstift in Verbindung stand. Paracelsus war schon Halbwaise, als sein Vater 1502 mit dem Söhnchen nach Villach in Kärnten zog.
Schon früh gelangt Paracelsus zu einem tiefen Verständnis der Kräfte, die in der Natur schlummern. Er entwickelt eine Weltanschauung, die vor allem im medizinischen Bereich von der damaligen Lehre abweicht, wonach Krankheit nur eine Störung der körperlichen Säfteverteilung ist.
Sein Studium in Ferrara (1516 wird er dort «Doctor beyder Arzneyen») bringt ihn mit aufgeklärten Professoren in Kontakt, die, wie er, die dogmatische Enge der traditionellen Heilmethoden zu sprengen versuchen.
Die Schulmediziner, die sich noch auf die Werke des damals schon seit 500 Jahren verstorbenen Persers Abu-Ali al Husain ibn Abdullah ibn Sina – alias Avicenna stützten, sind für Paracelsus dumme Ignoranten und Scharlatane.

Theophrastus Paracelsus
Bombastus von Hohenheim
der
Luther der Medicin
und
unser grösster Schweizerarzt.

1851 erschien zum 500. Gedenktag des Eintritts von Zürich zum Bund der Eidgenossen eine mit obigem Porträt gezierte Würdigung von Paracelsus.

Er beschimpft sie als «Bescheisser», «Impostoren» und «Arschkratzer». Paracelsus ist überzeugt, dass seine Lehre richtig ist. Sein «Paragranum» ist eine Art Kriegserklärung an konträre Ansichten: «Mir nach, ich nicht euch nach, Avicenna, Galene, Rasis, Montagnana, Mesue ... Mir nach, und nit ich euch nach, ir von Paris, ir von Mompelier (dort waren die berühmten ‹Ärzteschulen›), ir von Schwaben, ir von Cöln, ir von Wien. Keiner von euch wird im hintersten Winkel bleiben, an den nicht die Hunde seichen werden – ich werde Monarcha und mein wird die Monarchie sein. Wie gefelt euch ‹Cacophrastus›? Disen Dreck müsst ir essen, denn mein Har im Genick weiss mer dan ir und alle eure Scribenten!» Mit heutiger «political correctness» ist Paracelsus kei-

An der Einsiedler Teufelsbrücke im Wirtshause rechts (bezeichnet mit einem Rad auf dem Dache) soll der «Magus vom Etzel» im letzten Drittel des Jahres 1493 geboren worden sein, in Sichtweite des Galgens...

neswegs vertraut. Mit (allzu)grossem Ungestüm greift er seine Gegner an und beschimpft sie mit übelsten Worten.
Seine Widersacher allerdings zahlen ihm mit gleicher Münze heim. Im Jahre 1528 erscheinen in Basel Spottverse unter dem Titel «Galens Schatten kämpft gegen Cacophrastus»: «Verrecken will ich, wenn du es wert bist, Dem Hippokrates seinen Nachttopf zu tragen Oder mir meine Säue zu hüten, du Schwachkopf! Was brüstest du dich, armselige Krähe, mit fremden Federn? Wart nur, dein Ruhm ist schon morgen zu Ende – Du hast uns nichts mehr zu sagen! Durchschaut ist dein zusammengestohlenes Zeug, Am besten, du nimmst einen Strick und erhängst dich!»
Das ganze Pamphlet trägt die «Unterschrift»: «Aus der Hölle.»
Während die meisten Ärzte seinerzeit ihr Wissen vorzugsweise aus antiquierten Büchern beziehen und mit einer

Der Wundermann mit den vielen Gesichtern: Angebliches Paracelsus-Jugendbildnis von Hans Holbein.

gewissen Überheblichkeit keinen Finger breit von den überlieferten Methoden abweichen, nutzt Paracelsus seine Wander- und Studienjahre und seine Kriegseinsätze als Feldarzt zur praktischen Erfahrung und zu Gesprächen mit Badern, Scherern und vor allem auch mit den Patienten selber. Er entwickelt eine eigentliche Volksmedizin unter Berücksichtigung natürlicher Heilmethoden.

In Basel heilt er so den Buchdrucker Johannes Froben und wohnt nach alter Ärztesitte im Hause seines Patienten am Totengässlein 5, dort, wo heute in der Nachbarliegenschaft das Pharmazie-Historische Museum der Schweiz zu bestaunen ist. Zu Frobens Bekanntenkreis gehören die Künstler Urs Graf und Hans Holbein sowie der Reformator Oekolampad und die Amerbachs.

Paracelsus schreibt auch dem Erasmus von Rotterdam ein Gutachten für sein chronisches Leiden und erhält dafür Lobesworte des Humanisten: «Es ist nicht sinnlos, dem Arzte, durch den Gott uns Heilung des Körpers schickt, ewi-

«Der Stein der Weisen» in einer symbolisch-alchemistischen Darstellung aus dem «Rosarium Philosophorum» aus dem Jahre 1550. Auch Paracelsus suchte zeitlebens nach solchen «letzten Erkenntnissen».

ges Heil der Seele zu wünschen. Den Frobenius hast Du aus der Unterwelt wieder heraufgeholt – das ist die Hälfte meiner selbst. Möge das Schicksal Dich in Basel festhalten!»
Erasmus' Wunsch geht nicht in Erfüllung. Schnell verkracht sich Paracelsus mit einflussreichen Bürgern, den städtischen Gerichten und der Basler Universität. Die Apotheker beschimpft er als Sudelköche und Avicennas «geheiligte» Werke verbrennt der heissblütige Anti-Traditionalist im hell lodernden Johannisfeuer coram publico.
Jetzt ist das Mass der Provokationen für die konservativen Stadtväter erfüllt. Vor seiner drohenden Verhaftung flieht Paracelsus Hals über Kopf aus der Rheinstadt.
Kein Zweifel: Der Unbequeme hat sich durch sein allzu aggressives Temperament den unrühmlichen Abgang aus der Humanistenstadt selber eingebrockt. Andererseits ist er Opfer eines gezielten und raffinierten «Mobbing» seiner vereinigten Basler Gegner und Neider geworden.
Aus Colmar klagt er über Hass, Zorn und Missgunst der Behörden: «Wenn ich nur ein halbes Stündchen länger geblieben wäre, hätte man mich dingfest machen lassen...»
Aber der «Hohenheimer» ist unermüdlich, ein richtiger Stehaufmann, ein nie Verzagender, ein Helfer und Heiler, wo die «approbierten» Ärzte versagten. In den Erinnerungen eines

PHILIPPUS THEOFRASTUS
PARACELSUS.

*Auch so könnte der grosse Alchemist ausgesehen haben –
«harmlos verbürgerlicht im Biedermeierstil».*

nicht namentlich bekannten Paracelsus-Schülers aus der Basler Zeit wird die Güte des «Meisters» beleuchtet: «Ich weiss, dass er Aussätzige, Wassersüchtige, Fallsüchtige, Podagrakranke, Syphilitiker und unzählige andere Kranke ohne Honorar kuriert hat. Die anderen Doktoren haben seine Kunstfertigkeit nicht erreicht.»

Und Paracelsus weiss sich – wenn man seinem Famulus glauben schenken will – auch selber zu helfen: «Einmal sagte er: ‹Franz, wir haben kein Geld mehr.› Er gab mir einen rheinischen Gulden und sprach: ‹Geh in die Apotheke, lass dir ein Pfund Quecksilber abwiegen und bringe es mir.› Ich folgte seiner Bitte und brachte ihm den Stoff samt dem restlichen Geld. Darauf schüttete er das Quecksilber in einen Tiegel. Ich musste ein lebhaftes Feuer entfachen und Kohlen auflegen. Dann sprach er: ‹Nimm dieses Kügelchen zwischen die Zange und

Abdruck des Siegelrings und der Unterschrift aus einem Brief Paracelsus' an Amerbach.

halte es kurze Zeit hinein. Es wird bald zergehen.› Nach einer halben Stunde meinte er: ‹Wir müssen sehen, was Gott uns beschert hat.› Im Tiegel befand sich eine feste Masse. Da fragte er: ‹Wie sieht es aus?› Ich antwortete: ‹Es sieht genau aus wie Gold!› ‹Ja, Gold, das sollte es auch sein›, sprach er, ‹nimm es, trage es zum Goldschmied und lasse dir dafür Geld geben.› Ich führte seinen Befehl aus. Der Goldschmied wog es ab und holte einen Beutel voll rheinischer Gulden. Was in dem Kügelchen war, weiss ich nicht ...»
Ein anderer seiner Studenten berichtet über die geradezu manische Arbeitslust seines verehrten Lehrers: «Paracelsus ist äusserst fleissig und schläft wenig. Niemals (!) zieht er sich aus; mit Stiefeln und Sporen ruht er drei Stunden auf das Bett hingeworfen aus und dann schreibt er wieder ...»
Der fahrende Schüler und Wundarzt Theophrast ist eine abenteuerliche Gestalt. Fast zwergenhaft klein, mit bartlosem Gesicht und früh kahlem Kopf, mit dünner, frauenhafter Stimme und tiefen, glühenden Augen, in schlichtester Kleidung, mit einem gewaltigen Schwert umgürtet, so zieht er – wohl meist zu Pferde – durch die Lande, ein scheuer, seltsamer Mensch, den (vermutlich) niemals Frauenliebe fesselte und der die Gasthäuser, in denen das wohlerzogene Bürgertum verkehrte, ängstlich mied.
Bolko Stern meint in seiner ebenfalls im Reinhardt-Verlag erschienenen Studie über «Helden und Narren»: «Paracelsus suchte die Fuhrmannskneipen und die Herbergen der Landstreicher auf. Denn ihn interessierte weit mehr als das gelehrte

Die Kunsthistoriker streiten sich darüber, ob dieses (im Original als Gemälde) im Pariser Louvre hängende kuriose Paracelsus-Konterfei von Albrecht Dürer, Jan van Scorel oder Quentin Massys stammt. Wir sehen hier eine der vielen «freien Kopien» des Porträts.

Geschwätz der Gebildeten, etwa von einem Fuhrmann zu erfahren, wie er die wunden Stellen seines Pferdes heile, von einem Kessler, wie er mit Kupferschlag Blutungen stille, vom Hufschmied, wie er mit glühendem Eisen Warzen und Krebsgeschwüre brenne, von alten Weibern und Schäfern, wie sie aus Kräutern heilkräftigen Tee bereiteten, von Walachen und Zigeunern, wie sie nach uralter Überlieferung Künste trieben und Wundtränke brauten, was wir heute ‹Naturheilmethode› nennen würden. Freilich nahm er das alles nicht ohne Kritik hin; vielmehr entdeckte sein scharfes Auge und sein kritischer Sinn mit grosser Sicherheit den berechtigten Kern unter der Überwucherung mit abergläubischen Gebräuchen.»
Für die Alchemie zeigt er grosses Interesse. Dabei geht es ihm trotz dem erwähnten Basler Beispiel nicht in erster Linie um die legendäre Umwandlung unedler Metalle und Substanzen in Aurum foliatum (Blattgold), Aurum musicum

Von der Seel.

«Die Seele ist es, die der Menschen Bürden und Freuden trägt», schrieb Paracelsus in seinen Betrachtungen über Geburt und Wesen der Seele. Die «Anima» als Frau (ein Holzschnitt aus Leonhard Thurneyssers «Quinta Essentia») steht als einfaches Symbol zu Paracelsus' kompliziertem Satz: «Der Geist ist nicht die Seele, sondern – wäre das möglich – so wäre der Geist der Seelen Seele, so wie die Seele der Geist des Leibes ist.»

Paracelsus mit Hängebacken, gestützt auf die Cabala
und den Schwertknauf mit der Inschrift «Azoth» –
«allbeseelendes Prinzip», «Strahlung Gottes».

In dieser romantischen Darstellung von S. Stief aus dem Jahre 1881 (im Museum Carolino Augusteum in Salzburg) blickt Paracelsus visionär entrückt auf ein Fläschchen mit einem seiner Wundermittel.

(Drahtgold) oder in das mystische, verjüngende Heilmittel und Lebenselixir Aurum potabile, das sogenannte Trinkgold. Scharfsinnig erahnt Paracelsus hinter den Praktiken der Goldmacher die Möglichkeit, auf einem ähnlichen Wege auch Medikamente zu produzieren. So gesehen ist er ein geistiger Urahne der heutigen Pharma-Industrie. Über den Shareholdervalue – eine der wichtigsten Komponenten dieses Betriebszweiges – hat er allerdings kein Wort verloren ...
Im Reformationsjahr 1529 publiziert der Herr von Hohenheim erstmals unter dem Pseudonym «Paracelsus». Meint er damit, dass seine Schriften ebenso bedeutend sind, wie jene des römischen Arztes Aulus Cornelius Celsus, der schon im ersten Jahrhundert nach Christus eine achtbändige Enzyklopädie «De medicina» verfasst hat?

Vielleicht sind auch para celsus (ebenso erhaben) oder para celsus (gegen den Hochmut – der anderen) etwas verwegene, aber durchaus mögliche Namensdeutungen.

Sicher ist, dass Paracelsus sein «Logo» als Anklage gegen alle «Besserwisser», die ihn und seine Lehre verschmähen, benützt hat. So gesehen wäre ja unser alchemistisches Schweizer Original mit seiner witzig-doppelbödigen Ausdrucksweise auch eine Art Urvater unserer Kabarettisten.

Die offene Wundheilung – von Paracelsus überaus logisch begründet – wird von seinen medizinischen Zeitgenossen ignoriert. Aus Furcht vor dem schädlichen Einfluss der (damals ja noch keineswegs geschädigten) Luft werden Wunden möglichst rasch vernäht, auch wenn gerade dadurch immer wieder Wundfieber entsteht. Die besseren Argumente des unliebsamen Konkurrenten finden bei der «Zunft» kein Gehör.

Paracelsus ist nie lange Zeit sesshaft gewesen. Als unsteter Nomade erbringt er mit seinen Reisen eine für das frühe 16. Jahrhundert erstaunliche Leistung – auch wenn man ihm nur seine Berichte über die Ortsveränderungen zwischen 1524 und 1538 im Bereich Veltlin/Pressburg/Nürnberg/Colmar glaubt. Eine «grosse Wanderung» soll ihn schon zwischen 1512 und 1521 nach Lappland, Russland, England, Spanien, Portugal, Italien und in die Türkei, ja sogar bis nach Algerien und Ägypten geführt haben – doch bleibt man hier auf historische Spekulationen angewiesen.

Ein Tausendsassa ist der wundersam originelle «Allrounder» auf jeden Fall. Ihn interessiert wirklich alles: Er schreibt über den Regenbogen als himmlisches Friedenszeichen, über die «Bergsucht» (Quecksilberdampf-Vergiftungen) der Erzknappen, amtiert im Wiener Bürgerhaus «zum Küss den Pfennig» als talentierter Ehestifter und kümmert sich lebenslang um Gott und die Welt. Frank Geerk zählt zu den paracelsischen Motiven Nymphen, Sylphen, Pygmäen, Salamander und Homunculi. In seinem «Liber de nymphis» lade Paracelsus die Natur nicht mehr negativ dämonisch, sondern positiv mit Elementargeistern auf.

Und diese Wesen sind es dann wohl auch, die den ständig suchenden, ewig forschenden Gelehrten auf seinem Wege in die andere Welt hinüber begleitet haben.

Als man 1993 den 500. Geburtstag des originellen Schweizer Gelehrten feierte, lag ein spezieller Kranz am Grabe auf dem Salzburger Sebastianifriedhof. Auf der Schleife hiess es: «Für Theophrastus Bombastus Aureolus Philippus von Hohenheim, genannt Paracelsus von P.Uz.» Der Kontrast zwischen dem Mininamen des Spenders und der Litanei paracelsischer Bezeichnungen entlockte vielen Passanten ein Lächeln. Hinter dem Medaillon der auf der (ursprünglich flach liegenden) Grabplatte aufgesetzten Pyramide ruhen die (restlichen) Gebeine des «Philosophus, Medicus, Mathematicus, Chimista und Cabalista».

Im Gasthof «Zum weissen Ross» an der Salzburger Kaigasse 8 diktiert der «Heiler» aus Einsiedeln am 21. September 1541 dem Notar Hans Kalbsohr sein Testament. Er verfügt, dass man ihn nach der Beerdigung dreimal «besingen» und dabei jedesmal den Armen vor der Kirche einen Pfennig schenken soll.
Paracelsus stirbt in Salzburg am 24. September 1541 und wird noch am gleichen Tage auf dem Sebastiansfriedhof beerdigt.
Noch heute ist sein Grab eine viel besuchte Kultstätte – von Touristen umlagert, von Ärzten verehrt. Nach einer Sage soll der «Wundermann» seinen Diener beauftragt haben, seinen Sarg wieder zu öffnen – nach sieben Jahren, sieben Monaten, sieben Wochen, sieben Tagen, sieben Stunden, sieben Minuten und sieben Sekunden. Da er aber offenbar keine genaue Uhr besass, öffnet der Diener das Grab und den Sarg zu früh. Er sieht noch staunend, wie Paracelsus einen Moment aufblüht wie eine Rose – und dann zu Staub zerfällt. Schliesslich hat ja Paracelsus selbst verkündet: «Nichts Natürliches ist ewig, es ist alles dem Tod überliefert und mit dem Tod umfangen; allein das ist ewig, das vom Ewigen kommt!»
Hohn und Spott hat er über andere ausgeschüttet und über sich ergiessen lassen müssen. Seine Neider haben ihm hart zugesetzt – allerdings er auch ihnen... Aber als freundlichen Kontrast zu allen bösen Worten hüben und drüben möchten wir unsere Mini-Biografie des «Unerfasslichen» mit einem unseren T.B.A.P.v.H. geradezu vergötternden Gedicht des Barockdichters Paul Fleming beschliessen:

«Du als einziger hast in allem das sterbliche Los überschritten,
Du, der du einmal ein Mensch warst, bist nun würdig, ein Gott genannt zu werden,
Du, das Staunen und die mächtige Bewunderung der grossen Welt
Und die Zierde Europas, das Dir eine Mutter war.
O Ehrwürdiger, o dreimal sicherer Heilbringer unseres hohen Alters,
Nichts ist an Lob dir gleich, wie niemand dir gleich ist.»

Toya Maissen –
eine Bündnerin in Basel

Sie kam – wie sich später erweisen sollte – als urtypische Wasserfrau am 12. Februar 1939 in Chur zur Bergwelt und hiess genau genommen eigentlich Toya Victoria Marionna (de) Maissen. Toya gehörte also väterlicherseits zu einer über Jahrhunderte bedeutenden Familie des Graubündner «Bürgeradels». Ihr Vater, den sie zärtlich «Dädeli» nannte (Merens Otmar Giusep Maissen), war Garagist, Mitgründer des Eishockeyclubs Klosters und Ehrenmitglied des Skiclubs. 1963 noch besuchte er Albert Schweitzer in Lambarene …
Am 26. Oktober 1932 heiratete Otmar Maissen Minna Elsa Paula Fischer. Deren Vater, Ernst August Fischer, ein Fotograf der Pionierzeiten dieses Metiers und Freund Richard Wagners, war ein Patenkind des Prinzen Ferdinand Ludwig August von Bayern. So gesehen hatte Toya Maissen – eine der gescheitesten Exponentinnen der Basler und Schweizer Sozialdemokratie – mütterlicherseits eine Verbindung zu fürstlichem Geschlecht.
Schon als junges Mädchen half sie ihrem Vater in der Garage und arbeitete dort im ölverschmierten Overall wie irgendein Hilfsarbeiter.
Über ihren «aug pader», ihren Onkel Pater, den Benediktiner Flurin Maissen, schrieb sie dann 1984 eine ihrer A–Z-Glossen. Sie («die Tochter aus schwarzer Familie, die im Unterland eine rote Parteigängerin wurde») dankte ihrem Onkel für sein umweltschützerisches Engagement.
Von 1954 bis 1959 besuchte die zeitlebens ihren heimeligheimatlichen Bündnerdialekt sprechende T. M. das Gymnasium in Chur, wo sie mit der eidgenössischen Matur abschloss.
Ab 1960 absolvierte Toya ein Jura-Studium an der Basler Uni, dem später auch ein medizinischer «Abstecher» und

Wirtschaftskurse folgten. Sie studierte auch in Bern und Berlin, legte allerdings keinen Wert auf einen ordentlichen Abschluss. «Da Ungeduld eines ihrer Wesensmerkmale bildete, verzichtete sie auf karrierefördernde Diplome. Für sie war die einzige Gewähr für das wirkliche Wissen das Können.»

1963 stürzte sich die auch an vielen anderen geistigen und musischen Sparten interessierte Bündnerin auf den Journalismus. Nach einem Praktikum in Berlin und Basel lockte sie ein Engagement bei der «National-Zeitung», der heutigen «Basler Zeitung». Wirtschaftsredaktor Dr. Werner Meyer vermittelte der damals 25-jährigen Volontärin intensive Einblicke in Handel und Industrie.

Daneben schrieb sie, allerdings unter verschiedenen männlichen Pseudonym-Signaturen (Stephan, Miroslav, Charles – sie war De Gaulle-Verehrerin), noch viele Jahre lang Leitartikel und originelle Kulturkritiken für die Konkurrenzblätter «Basler Post» und «Doppelstab».

Hans A. Jenny, der damalige Chef-Redaktor dieser auflagestarken Wochenzeitungen und heutige Herausgeber unserer «Schweizer Originale», beleuchtet die seinerzeitigen geheimen Verbindungen zu seiner Mitarbeiterin: «Wir trafen uns erstmals nach einem Presseanlass. Toya hat mich durch ihren Witz, ihre Schlagfertigkeit und ihre sorgsam kaschierte sensible Poesie fasziniert. Sie steckte damals in persönlichen Krisen, deren Ursachen in einer aufgelösten Verlobung mit einem Basler Bündner aus prominentem Geschlecht und (später, der Reihe nach…) in komplexen Beziehungen zu einem Basler Professor und einem hochrangigen Schweizer Diplomaten bestanden. In diese ungeklärten Situationen kam dann noch meine eigene Zuneigung zur geistesprühenden Kollegin.

Via Cesare Pavese (ihren Lieblingsautor) und immer durch die manchmal auch etwas dornige(n) Blume(n) gab sie mir Grenzen ihrer Sympathie zu erkennen. Immerhin gelang es mir, Toya zu einem ständigen Zeitungsduell zu bewegen. Die wechselseitigen Standpunkte, in der wir uns über etliche Jahre Woche für Woche coram publico die Meinung sagten, ersetzten gewissermassen andere Aktivitäten.

Toya Victoria Marionna (de) Maissen zeichnete ihre Artikel meist schlicht mit «tm.» Ihr Lächeln entwaffnete ihre Gegner...

Um bei der ‹National-Zeitung› – die ihren Mitarbeitern ein rigoroses Konkurrenzverbot auferlegte – nicht vertragsbrüchig zu werden, musste Toya die jeweilige Manuskriptübergabe fast spionagemässig organisieren: ‹Tote Briefkästen›, ein alter Estrich und zwei diskrete ‹Verbindungsfrauen› spielten dabei hektische Rollen.
Irgendwann aber klafften unsere Ansichten zu sehr auseinander und es kam zu distanzierteren Kontakten. Sie warf mir ‹Bluemetes-Trögli-Denken› und ich ihr die sozialistischen Bruderschafts-Glückwünsche an Honecker, Ceausescu und Konsorten vor. In unserer gelegentlichen Korrespondenz jedoch liess sie trotzdem noch ihre philosophischen Polit-Rosen erblühen: ‹Freiheit ist alles, mehr als die Liebe, weil man nur in Freiheit mit ihr umgehen kann. Alles andere ist 'Macht über den anderen'. Macht ist an sich aber schlecht. Ich möchte niemanden beherrschen, mich aber auch von niemandem beherrschen lassen. Ach Himmel, ist das Leben eine Pracht, wenn man vom Dreck absieht. Schade, dass es nun Frühling ist, weil er meinem Gehirn nicht gut tut. Der Winter macht mich nicht müde. Aber eigentlich bin ich recht zufrieden, habe ich doch alles, was ich brauche: gute und beste Freunde, Bücher, Wissenschaften, die mich interessieren, Probleme, an denen ich mich entzünden kann …›
Sie reiste schnell und viel. Ihre Grusskarten kamen aus allen Teilen der Welt. Aber sie kehrte auch immer wieder gerne in die überschaubare und trotz aller Differenzen politisch geordnete Schweiz zurück. Ihr brennendes staatspolitisches Interesse dokumentierte Toya (manchmal schrieb sie sich auch ‹Toja›) mit – schliesslich erfolgreichen – Versuchen, mich aus meiner kulturgeschichtlichen Ecke heraus- und aufs politische Glatteis zu locken: ‹Haben Sie sich je darüber Gedanken gemacht, was für eine grossartige Sache auch die allerschlechteste und schwächste Demokratie ist? Der Staat ist etwas Faszinierendes, etwas Unheimliches, manchmal etwas Hassenswertes, aber auf keinen Fall etwas Langweiliges. Sich als Journalist damit zu befassen, ist Ihre Pflicht. Sie sind auch dafür verantwortlich, wenn es immer schlechter und ungerechter wird!›»

Nach einem aufschlussreichen (be)amtlichen Zwischenspiel in Bern bei der Entwicklungshilfe war Toya Maissen erneut – als Redaktorin – bis 1975 bei der «National-Zeitung» tätig. In der Basler «A–Z», der sozialdemokratischen Tageszeitung, fand sie dann «als eigentlicher Motor» (wie das «Basler Stadtbuch» in ihrem Nekrolog rühmte) ab 1976 in einem Redaktionskollektiv mit Linda Stibler und Dora Renfer und wechselnden männlichen Kollegen Erfüllung und Vollendung. Ihre Kolumne «Links notiert» zeigte ihr persönliches Profil und fand über Basel hinaus Beachtung. Seit 1980 redigierte Toya Maissen auch die «Rote Revue», eine Monatszeitschrift der Schweizer Sozialdemokraten. Als Mitglied der Geschäftsleitung der SP Basel-Stadt und der Schweizer Sozialdemokraten wurde sie mit ihren redaktionellen Artikeln auch zur Kämpferin für die Gleichstellung von Mann und Frau.

Toya Maissen war zwar konziliant und – wo sie es verantworten konnte – kompromissbereit. Nach der Verleihung des Kleinen Kunstpreises der Basler «Bahnhof-Akademie» sagte sie aber klar und deutlich, wie sie ihr spezielles journalistisches Credo verstanden haben wollte: «Was heute von den Medienleuten in ihrer Arbeit verlangt wird, dürften sie nie und nimmer gewähren: Es sind dies Sachlichkeit, Objektivität, Ausgewogenheit und Emotionslosigkeit. Ich gestehe, dass ich fast ein Jahrzehnt gebraucht habe, bis ich den Mut aufbrachte, bei der Arbeit nicht sachlich zu sein, nicht objektiv zu schreiben und schon gar nicht ausgewogen. Wenn ich das Wort ausgewogen höre, dann wird mir übel. Die von den Medienleuten freiwillig oder erzwungenermassen praktizierte Ausgewogenheit ist ein grosses Stück für den Niedergang der politischen Kultur verantwortlich. Ausgewogen zu sein, bedeutet, keine Gegner mehr zu haben (ich meine nicht Feinde), ausgewogen zu sein, bringt den Verzicht auf den geistreichen Disput, den Verzicht auf die Kunst geistigen Fechtens (egal, wo der politische Standpunkt ist), Verzicht auch auf Auseinandersetzung und damit auf Berührung und Kontakt.»

Und dann kam «Schweizerhalle», jene Chemie-Katastrophe des schwarzen 1. November 1988, als die Nordwestschweiz

Ernst und auch ein bisschen traurig blicken ihre grossen Augen in die Kamera; Toya Maissen konnte manchmal auch zornig sein: «Schludderizügs» d. h. Pfusch und unseriös recherchierte Berichte zum Beispiel sandte sie stets postwendend an den Absender zurück.

um Haaresbreite an einer Apokalypse vorbeiging. Toya Maissen reagierte nicht nur mit Entrüstung auf die sehr dubiosen Ursachen und Hintergründe, sondern auch mit konstruktiven Vorschlägen, wie eine solche Bedrohung in Zukunft zu verhindern sei. In «Szenen einer Ehe» schilderte sie unverblümt die Situation: «Die Basler Chemie und die Basler Bevölkerung sind miteinander verheiratet. Für diese Ehe gibt es keine Scheidung – aber sie steckt in einer tiefen Krise.»

Die Journalistin und Politikerin versuchte nun in persönlichen Gesprächen mit Chemiedirektoren und Regierungsräten nach wirklich praktikablen Problemlösungen. Ihr Rat und ihre Meinung – wohlfundiert durch ihre Wirtschafts-Redaktionserfahrung – fanden Verständnis und Gehör. Es entstanden aus dieser nützlichen Konfrontation vernünftige «Dispositive»; Massnahmen-Kataloge und (künftige) Katastrophen-Szenarien, die eine Wiederholung der unheilvollen Ereignisse des «Basler Schreckenstages» verhindern, respektive die Folgen von Chemie-Unfällen zu lindern versuchten.
So sehr man auch in den betroffenen Chefetagen ihre baslerisch-witzigen und manchmal auch etwas ironisch-ätzenden Glossen fürchtete – an Toya Maissens Fachkenntnissen und ihrem prinzipiell guten Willen zur unerlässlichen Kooperation Presse–Wirtschaft zweifelte niemand. Attacken unter der Gürtellinie gab es in ihrem Umfeld nicht. Sie bot und verlangte die Unverletzlichkeit der Privatsphäre.
Trotz ihrer positiven kämpferischen Lebenseinstellung litt die streitbare Bündnerin in Basel ganz privat auch an einer tiefen Melancholie – vielleicht einer Vorahnung ihres frühen Todes: «Ich beisse, um nicht zu schreien, ich weine, um nicht zu verbrennen. Manchmal stampft das Blut in meinem Gehirn. Ich brauche Erde, um mich hineinzulegen. Mich erfüllen Freude und Trauer, Qual und Lust, Schmerz und Glück – an das ich nicht glaube …»
In ihren letzten Lebensjahren wohnte Toya Maissen (auch) an der Basler Gasstrasse. «Hier ist man nie allein, man kennt sich. Weil wir in billigen, ja billigsten Wohnungen hausen, hört man wenig Klagen übers schlechte Wohnen. Es ist lebendig, weil menschlich, wenn auch schwierig in diesem Teil des St. Johann-Quartiers …»
Wo die argumentationsstarke Redaktorin auch immer erschien, machte sie trotz ihrem bescheidenen Auftreten eine «gute Figur». Sie bewegte sich mit einer selbstverständlichen Sicherheit auf diplomatischem Parkett, sass charmant-gediegen in der Theaterloge und stellte an den Pressekonferenzen von Banken und Industriebetrieben jene klugen Fra-

gen, deren Beantwortung den Managern mehr als ein konziliantes Lächeln abverlangte. Sie haschte nicht nach süffigen Schlagzeilen, attackierte nie aus Spass an spitzen Worten, verzichtete auf Effekte und strebte stets nur die Beseitigung von Missständen oder die Verbesserung unhaltbarer Situationen an.

In Diskussionsrunden zollten ihr auch renommierte, hochrangige Wirtschaftsfachleute Respekt, weil man mit ihr immer reden konnte, wenn den Reden dann auch Taten folgten. Für höfliches Blabla allerdings, für «kunstvolle Bilanzakrobatik» und für das «jovial zelebrierte Hochamt» der üblichen Pressekonferenzen hatte sie nichts übrig.

Toya Maissen war als Nationalratskandidatin nominiert, als sie am 28. August 1991 in die «andere Welt» ging. Ganz sicher hätte sie auch in Bern mit ihrer gradlinigen, auch von namhaften Opponenten anerkannten, durchwegs sachkundig und klug argumentierenden Politik verdiente Aufmerksamkeit erregt. Und mit an Sicherheit grenzender Wahrscheinlichkeit wäre die Expertin in Sachen Umweltschutz, Wirtschaftspolitik und Frauenrecht nach einigen Jahren auch in den Bundesrat gewählt worden.

Toya Maissen war konsensfähig und diskussionsstark. Sie liebte den offenen Schlagabtausch in fairen Debatten unter Wahrung der gegenseitigen persönlichen Würde. Mit ihr wäre die Schweizer Öffentlichkeit nicht nur mit einer «Parteigängerin», sondern mit einer wahrhaft tapferen Frau und einem originellen Menschen bereichert worden.

Das Schicksal hat es anders gewollt: Im Alter von erst 52 Jahren ist die kämpferisch faire, charakterlich profilierte und humanistisch gebildete Publizistin – eine grosse Schweizer Frau ureigenster Prägung – einem tückischen Leiden erlegen.

Helmut Hubacher schildert uns Toya Maissens Finale: «Diese ungewöhnliche Frau verhielt sich auch in ihren letzten Wochen vor dem Tod ungewöhnlich. Sie wusste um ihre unheilbare Krankheit. Weder die Ärzte noch das Pflegepersonal durften sie ihr verschweigen. Sie verlangte restlose Offenheit. Auf ihrer Checkliste hakte sie alles ab, was noch

Für Tiere hatte Toya ein ganz grosses Herz. Es lag ihr daran, sie als unsere Mitgeschöpfe zu respektieren. Hier sehen wir die Journalistin auf dem Moskauer Tiermarkt mit einem der feilgebotenen Welpen. Dank ihren Russischkenntnissen pflegte Toya Maissen bei ihren Besuchen in der damaligen Sowjetunion auch freundschaftliche Kontakte zu Moskauer Dissidenten.

zu erledigen war, und schlief dann ein. Katrin Schelbert und Peter Indermaur begleiteten sie aufopfernd.
Die Abschiedsfeier vom 6. September 1991 in der St. Clara-Kirche ist von Toya Maissen arrangiert, Rahmen und Redner sind von ihr bestimmt worden. Paul Sacher stiftete mit dem Sinfonie-Orchester Basel den musikalischen Beitrag.» Nach ihrem interessanten, originellen und leider auch kurzen Leben ruht Toya heute im heimatlichen Klosters.

Die Künstlerin Sibilla Marelli Simon hat für ihre Freundin Toya Maissen im Hof des Klosters Dornach ein töpferisch-schöpferisches Gedenk-Arrangement gestaltet, das die Vielseitigkeit der Verstorbenen beleuchtet.

Anton Bernhardsgrütter –
drei Menschen in einem Original

Er schreibt französisch, englisch, russisch, spanisch, ungarisch, italienisch, lateinisch und deutsch, malt, symbolisiert sein überreiches imaginäres Paradies, kämpft mit sich und der Welt, persifliert seine Mitmenschen und liebt sie doch heiss. Dieses schwer zu erfassende Überoriginal zeichnet besessen, klebt Collagen, montiert Zeitungsausschnitte, «verarbeitet» C. G. Jung, Kafka und James Joyce. In seinen Tagebuchnotizen schlüpft er virtuos in drei Gestalten: Dem ruhig-beschaulichen Herrn Brenzligugger stellt er den weltmännischen Globetrotter Kremars gegenüber und er selber, der reale Anton Bernhardsgrütter, vermittelt zwischen diesen beiden Extremen in seiner Brust. Aus seiner unermüdlichen, ja hektischen literarischen, künstlerischen und philosophischen Aktivität entsteht das ebenso verwirrende wie faszinierende Charakterbild eines allseitig talentierten Einzelgängers, eines leidenschaftlichen, kompendialistischen Fantasten.
Bernhardsgrütter schafft sich selber das Weltbild einer erweiterten Realität, die nicht im Sicht- und Greifbaren stecken bleibt. Allein schon die Gedanken werden bei ihm durch ihre blosse Existenz zur mindestens subjektiven Wirklichkeit. Seine Bilder und Skizzen jedoch enthüllen einen in alle Stilrichtungen schwärmenden, teils naiven, teils klassischkonservativen, dann wieder romantisch-poetischen und manchmal auch erotisch aggressiven Maler, der zwischen alter Sakralkunst und modernsten Tendenzen alle Ausdrucksformen perfekt beherrscht.
Der Kunstverein Frauenfeld war deshalb gut beraten, als er 1995 zum 70. Geburtstag seines Thurgauer Mitbürgers eine grosszügige und grossformatige farbige Retrospektive der wichtigsten Werke Bernhardgrütters editierte.

Anton Bernhardsgrütter öffnet uns einen Spalt der Tür zur fantastischen Welt seines Schaffens und seiner Gedankenspiele.

«Besuch aus der Vergangenheit» (1993, Privatbesitz) nennt Bernhardsgrütter diese Begegnung mit sich selbst als Kind und seiner Mutter.

Doch nun vom künstlerisch hochrangigen «exzessiven» Individuum zum privaten Lebenslauf: Geboren am Ostersonntag, den 12. April 1925 als Bauernsohn in einem Aussenweiler von Bischofszell. Mutterliebe und die katholische Kirche prägen zunächst sein Wesen so stark, dass er später Emanzipationskämpfe gegen diese beiden Dominanten ausfechten musste.

Der Absolvent des Seminars Kreuzlingen wird Lehrer, heiratet und wird Vater von zwei Kindern. 1973 verabschiedet

Diese ironische Selbstdarstellung – mit einem verführerischen Engel der Finsternis als Rückenlast – kommentiert der Künstler mit den Versen Vergils aus der Aeneis (VI, 126–129): «Leicht und mühelos ist's zu steigen abwärts in der Hölle Tiefen, denn die finstere Grabespforte steht offen Tag und Nächte ...»

sich Bernhardsgrütter aber wieder vom bürgerlichen Leben, trennt sich von Familie, Freunden und der Schule und konzentriert sich auf seine künstlerische Existenz. Heute wohnt der Malerpoet wieder bei seiner Frau in Kreuzlingen und schreibt und zeichnet seine panoptischen Tagebücher (bis heute sind es deren 25), die er à la James Joyce teils mit all-

Auf diesem Tagebuchblatt träumt Bernhardsgrütter eine «noche triste» vor dem Hintergrund eines Spinngewebes von Fabelgestalten. Vor dem Einschlafen hat er sich noch um sein Grosskind Saskia-Corina gekümmert…

A la James Joyce setzt der Thurgauer Malerpoet ein englisches Gedicht (poem 782) in Dreieckform.

täglichen Betrachtungen, teils mit philosophischen Reflexionen, mit Erinnerungsbruchstücken und mit den fiktiven und doch unerhört real wirkenden Erlebnissen seiner beiden Zwillings- respektive Drillingsfiguren Brenzligugger und Kremars anreichert.

Es bleibt zu hoffen, dass Anton Bernhardsgrütter sich dazu überreden lässt, dieses nie veröffentlichte Gesamtepos des «le pauvre cochon» – wie er sich selber nennt – zu publizieren, damit auch ein breiteres Publikum Einblick in sein in dieser Hinsich bisher «geheimes» Schaffen nehmen kann.

Joseph Fäsch –
Napoleons Onkel

Es war ein romantisch-weltliches Motiv, das den in Korsika engagierten protestantischen Basler Berufsoffizier Franz Fäsch zum Übertritt in die katholische Kirche bewegte – seine Liebe zur schönen Witwe Ramolino. Diesen Glaubenswechsel stellte sie als Bedingung für ihre Heirat mit dem Schweizer «Söldner» in französischen Diensten. Am 3. Januar 1763 wurde Joseph Fäsch als erstes gemeinsames Kind des Paares geboren.
Letizia, die ältere Halbschwester aus Mutters erster Ehe, bekam dann sechs Jahre später ihrerseits ein Kind, Napulione Buonaparte. So wurde der kleine Joseph Onkel des späteren Kaisers Napoleon I.
Beim Studium in Aix-en-Provence fiel der baslerische Korse bald durch seinen enormen Wissensdurst auf. Der Bibliothekar des Instituts warnte den lesewütigen Schüler vor einem langweiligen Alter, wenn er schon jetzt in der Jugend sämtliche Bücher verschlinge.
Ein besonders gutes Verhältnis hatte Fäsch in seiner Jugendzeit zu seinem Neffen Napoleon, der ihn auf verschiedene philosophische Werke aufmerksam machte. Überdies litten beide gemeinsam am «leidigen Mangel an gemünztem Metall»… In wenigen Jahren schaffte dann Joseph Fäsch in Ajaccio den Aufstieg ins Amt eines Archidiakons. Er bemühte sich intensiv um eine kirchliche Neuordnung und versuchte, Vorurteile gegenüber dem Klerus abzubauen. Die Anhänger einer korsischen Unabhängigkeit übten aber bald einmal politischen Druck auf alle aus, die mit Frankreich Frieden geschlossen hatten. Das Haus der Bonapartes wurde schliesslich in Brand gesteckt, Fäsch seiner Ämter enthoben und sein Vermögen beschlagnahmt.
Als Folge der Revolution konnte der Ex-Priester auch in Frankreich kein Amt mehr bekleiden. So machte er sich im Mai

1806 veröffentlichte man in Regensburg die «Gesammelten Nachrichten» über den «Herr Kardinal Fesch».

1795 zu Fuss, mit einem Reisesack über der Schulter, auf den Weg nach Basel. Sein letztes Kapital im Werte von etwa 230 Livres hatte er einem Geldwechsler gegen einen Kreditbrief auf eine Basler Bank überlassen. In seiner Notlage erinnerte sich Joseph an seines Vaters Hinweis, dass die wohlhabenden Verwandten in Basel einen Fonds für die Armen und Kranken ihres Geschlechtes angelegt hatten. Lang und beschwerlich war der Weg von Marseille nach Basel. Fäsch wunderte sich, warum er keine hohen Schneeberge überqueren musste. Nach acht Wochen – es war mittlerweile Juli geworden – betrat er seine Vaterstadt Basel mit der hoffnungsfreudigen Zuversicht, endlich bei den reichen Familienangehörigen Ruhe, Unterkunft und Verdienst finden zu können.

Vaters Bruder Werner, ein Pastetenbäcker, war noch am Leben, vermögend und ohne Kinder. Die verwandtschaftlichen Bande waren jedoch für ihn kein ausreichender Grund

für einen herzlichen Empfang. Auf den hergelaufenen Sohn seines auf katholische Abwege geratenen Bruders hatte der treue Protestant Werner Fäsch nun wirklich nicht gewartet – zumal dieser nicht einmal ein Wort deutsch sprechen konnte. Diese personifizierte Familienschande durfte er also mit gutem Grund abweisen.
Der umstrittene Basler Poet Dominik Müller lässt in einem 17-versigen Gedicht den Pastetenbäcker spotten:

«Was gehts mich an, wenn mein Bruder
macht mit einer Korsin Kinder,
und sich diesem Leuteschinder,
diesem Sansculottenluder
Bonaparte blöd versippte?
Keinen Finger je ich rühre,
für so lausige Verwandte –
noch dazu katholisch worden!»

Für Joseph Fäsch blieb dieser Rauswurf nicht die einzige Ernüchterung. Auch sein Kreditbrief wurde in Basel nicht anerkannt. Der einstige kirchliche Würdenträger aus Korsika wäre also ohne Obdach geblieben, wenn sich nicht ein anderer Fäsch, ein einfacher Kupferschmied und Vetter des Pastetenbäckers, seiner erbarmt hätte.
Weitere Verwandte wurden nun dafür gewonnen, dass der mausarme Joseph wenigstens ein- oder zweimal bei ihnen so der Reihe nach essen durfte. Sogar der geizige Werner Fäsch liess sich schliesslich dazu bewegen, dem «Korsen» ein Hinterstübchen an der Weissen Gasse abzutreten.
Der Aufbau einer unabhängigen Existenz gelang Joseph Fäsch aber nicht. Auch ein Engagement als Schreiber in der benachbarten Festung Hüningen war nur «temporär». Überall gab es nur Absagen. Kurz bevor der knauserige Onkel Werner ihm die Räumung seines Zimmerchens durch einen öffentlichen Notar androhte, kam die Erlösung durch den mittlerweile zu Ansehen gelangten Neffen: Napoléon Bonaparte – er schrieb seinen Namen jetzt französisch – war Obergeneral der revolutionären «italienischen» Armee

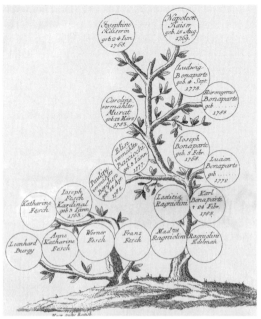

Der Fäschische Stammbaum zeigt unten die Verwandt-schafts-Beziehungen zwischen den Ragniolinis (Ramolino), der Familie von «Madame Mère», der Mutter Napoleons, und dem Basler Geschlecht.

geworden und ernannte nun seinen bedürftigen Onkel zum Kriegskommissar. Zur Entgegennahme erster Instruktionen solle Joseph unverzüglich nach Paris kommen.
Die Mittel für die Reise hatte Fäsch natürlich nicht – aber jetzt, wo es um seinen Wegzug von Basel ging, liessen sich die Verwandten schnell erweichen und selbst der ominöse Pastetenbäcker zeigte sich ungewohnt grosszügig.
In seiner neuen Funktion konnte sich Joseph Fäsch mehr als gründlich «sanieren». Nicht nur bezog er regelmässig seinen revolutionären Sold; er war auch an der mehr oder weniger offiziellen Kriegsbeute der Franzosen beteiligt. Dabei hatte er es besonders auf Gemälde abgesehen, von denen er bald

So sah er aus, seine «Eminenz» Kardinal Joseph Fäsch, ein Schweizer Original von Napoleons Gnaden.

eine grosse Sammlung mit Werken renommierter Meister besass. Um es modern-flippig zu sagen: Joseph Fäsch sahnte ab!

Immerhin kam seine neue Stellung auch unserer Eidgenossenschaft zugute. Napoleon betrachtete ursprünglich unser Land als Aristokratennest und Emigrantenschlupfwinkel. Um dem oberitalienischen Annektionsgebiet der revolutionären «Cisalpinischen Republik» eine einheitliche Nordgrenze zu geben, strebte Bonaparte die Besetzung des tessinischen Mendrisiottos an. Schon wollte man sich bei den Kantonsregierungen damit abfinden, dass ehemalige «ennetbirgische» Gebiete verloren gingen, da unterstützte Joseph Fäsch die diplomatischen Bemühungen des Basler Emissärs Bernhard Sarasin beim damaligen Ersten Konsul Bonaparte und so wurde – dank unserem korsischen Schweizer Original – ein wichtiges Tessiner Teilgebiet nicht italienisch.

Fäsch wollte nun die süssen Früchte seiner Tätigkeit als Komissar geniessen. In seinem Pariser Palast ordnete er seine Bildergalerie und wurde schliesslich Botschafter der französischen Republik im Vatikan. Fäsch verstand es, Papst Pius VII. zur kirchlichen Legalisierung von Bonapartes Zivilehe mit Josephine Beauharnais und zur Teilnahme an der Kaiserkrönung Napoleons in der Kathedrale von Notre Dame zu bewegen. Des Kaisers zweite Ehe mit der Habsburger Prinzessin segnete dann Fäsch persönlich, doch erregte er bald darauf den Zorn seines Neffen, weil er die ihm von Napoleon zugedachte Würde eines Erzbischofs von Paris ausschlug.

Nachdem Napoleon 1809 den Kirchenstaat aufgehoben hatte, nahm er den Papst gefangen. Weil aber Pius VII. dennoch den vom Kaiser eingesetzten Bischöfen die kanonischen Vollmachten verweigerte, berief Napoleon ein eigenes Konzil ein. Joseph Fäsch präsidierte diese Versammlung zwar als Kardinal, schwor jedoch – zur Enttäuschung des Kaisers – als Erster dem Heiligen Vater die Treue.

Der grosse Korse, den man auch den kleinen Korporal nannte, hatte jedoch gegenüber seinen Familienangehörigen eine grosse Geduld. So wurde auch Joseph Fäsch erneut zum Gesandten beim Heiligen Stuhl und gleichzeitig zum Pair von Frankreich ernannt.

Mittlerweile musste aber der Kaiser 1814 erstmals abdanken und Fäsch rettete sich nun – samt seinen Sammlungen und Finanzen – nach Rom, und lebte fortan zurückgezogen mit seiner Halbschwester Letizia – der Mutter Napoleons (man nannte sie «Madame Mère») in jenem fashionabeln Palazzo Falconiere, der vom Tessiner Architekten Francesco Borromini mitgestaltet worden war. Letizia und Joseph führten seit 1805 und bis zum Ende des Kaiserreichs eine sehr herzliche Korrespondenz mit «Liebster Bruder» und «Deine Dich liebende Schwester».

Nur einmal noch trat der Basler Korse in Erscheinung: Nach dem Tode von Leo XII. erschien vor der Wahl des neuen Papstes 1829 eine Notiz im «Courrier français», wonach zu den bekannten Kandidaten noch ein dritter komme, der allerdings als ehemaliger «Bonapartist» kaum mit Unterstützung aus Frankreich rechnen dürfe: Kardinal Fäsch.

Er überlebte den weltberühmten Neffen um 15 Jahre und erreichte ein Alter von 76 Jahren, bis er am 13. Mai 1839 in Rom – drei Jahre nach seiner Stiefschwester Letizia – an Magenkrebs starb.

Giovanni de Castelmur –
das Zauberschloss in den Alpen

Viel ist selbst im Bergell, seiner Heimat, über den Baron Giovanni de Castelmur nicht zu erfahren. Was er aber – mittlerweile für jedermann zugänglich – hinterlassen hat, lässt an seiner Originalität keine Zweifel offen.
Geboren wurde er in Marseille, wohin sein Vater ausgewandert war. Dank erfolgreichen Spekulationen lebte die Familie im Wohlstand, gründete, wie viele Bündner im Ausland, eine Konditorei, besass Mietshäuser und einen Gutshof auf dem Lande. Giovanni de Castelmur gestaltete die Marseiller Festung St. Jean in Zuckerguss und der Bürgermeister stellte dann dieses eigentlich zum Verzehr bestimmte Exponat im Historischen Museum aus.
Seinen Adelstitel durfte der Baron von Kaiser Napoleon III. entgegennehmen – als Anerkennung für sein wohltätiges Wirken «zu Gunsten der Armen und Unglücklichen». Als Castelmur 1830 seine «Riflessioni politiche» in Graubünden veröffentlichte, handelte er sich mit seinen geradezu revolutionären Ideen zur Jugendbildung einen Prozess ein, der jedoch gütlich beigelegt werden konnte.
Die pädagogischen Grundideen des modern denkenden Verfassers wurden später fast unverändert aufgegriffen und zur allgemeinen Zufriedenheit in die Praxis umgesetzt.
1840 heiratete Giovanni seine Cousine Anetta, die ihn dann nach seinem Tode (1871) noch um 21 Jahre überleben sollte. Zeitweilig war der Baron Bürgermeister des Kreises Bergell. Das Geschlecht der Castelmur wurde urkundlich erstmals um 1190 erwähnt. Es hatte Wohnsitz auf der alten Burg Castelmur bei Promontogno, über der Talkirche Nossa Donna, dort, wo die Sperrmauern das Bergell vor südlichen Invasoren schützten.
Im Jahre 1850 liess Giovanni de Castelmur im Ortsteil Coltura in der Gemeinde Stampa durch den Ingenieur Giovanni-

Der Palazzo Castelmur in Stampa-Coltura im bündnerischen Bergell zeugt heute noch von der überbordend originellen Fantasie seines Erbauers. Das mittelalterlich-maurisch gestaltete Bauwerk ist der Schreck aller stilistischen Puristen!

Marliani und den Baumeister Rosa Frederico ein überaus kurioses Schloss erstellen, in das ein Patrizierhaus aus dem Jahre 1723 integriert worden ist. Was da jenseits der «wilden» Maira aus der Bündner Bergwelt aufragt, ist weder Fisch noch Vogel; eine völlig wirre Mischung von Burgenstil und Sforza-Kastell, von Zauberschloss und Frankenstein-Villa. Strenge Kunstkenner und Freunde einer klaren Architektur werden kaum einen guten Faden an diesem skurillen «pseudo-mittelalterlichen» Bauwerk lassen.

Es sind schon Publikationen erschienen, die den Palazzo Castelmur als eine Geschmacksbeleidigung bezeichnen, um die man besser einen grossen Bogen machen solle.

Wer aber einen tüchtigen Schuss Humor mit über die von der Baronessa 1897 gestiftete Maira-Brücke bringt, und wer sich auch nicht beleidigt fühlt, wenn er ab und zu charmant hinters Licht geführt wird, darf sich auf eine originelle, bizarre und verblüffende Welt von beispielloser Verspieltheit freuen.

Im Innern des Palazzo Castelmur überrascht uns eine Fülle von plastischen Ornamenten, Gesimsen, Einlegearbeiten aus

Von Napoleon III. geadelt: Baron Giovanni de Castelmur (1800–1871), der Mann mit dem «Schmunzelschloss».

Holz an Zimmerdecken und Stuckaturen und fesseln den staunenden Blick des Besuchers. Engel hausen in den Deckengewölben und Menschenfiguren neigen sich von hoch oben von den Wänden dem Gast entgegen.

Und was ist das Besondere an all diesen Erscheinungen? Man befindet sich hier in einem schier unerschöpflichen Paradies der optischen Täuschungen. Kaum etwas ist das, was es zu sein vorgibt: keine Gewölbe, sondern flache Zimmerdecken – keine Stuckaturen, sondern einfache flächige Darstellungen mit viel Sinn für Perspektiven – keine plastischen Engel und historischen Gestalten, sondern nur glatte Wände, von einem unbekannten Maler meisterhaft in der Manier des «Trompe-l'œil» liebevoll und witzig gestaltet. Sogar die Kordeln der Vorhänge bei den Fenstern sind direkt auf die Tapete aufgemalt. Immer wieder entdecken wir neue optische Fiktionen im Palazzo Castelmur: Aus einem Eckzimmer öffnet sich, von seitlichen Pflanzengirlanden umrankt, der Ausblick auf einen bezaubernden, bunt blühenden mediterranen Garten! Aber auch hier sind in Wahrheit nur die Zimmerdecke und die Tapeten mit den entsprechenden Motiven bemalt ...

Amoretten als kunstvolle Stuckaturen? April! April! – Es sind Meisterwerke des «Trompe-l'œil», der Scheinarchitektur, der Pseudo-Plastizität. Kein Mensch würde glauben, dass dieser «Zimmerhimmel» mit den perspektivisch meisterhaft gestalteten Dekorationen in Wirklichkeit eine normale flächige Zimmerdecke ist.

Auch die gewölbten eisernen Schutzschilder vor den Kaminen sind in Wahrheit völlig flache Holzstücke, vom Maler zur Täuschung unserer Augen «bearbeitet».

Die Nachkommen des Barons, Anna, Laura und Roberto von Castelmur, haben 1961 den wundersamen Palazzo der Kreisverwaltung Bergell verkauft. Seither ist das witzig-kitschige Vexierschloss der Öffentlichkeit zugänglich. (Wer von auswärts anreist, erkundigt sich jedoch besser vorher nach den Besuchszeiten…)

Noch heute vermittelt uns dieses grandiose «Fantastikum» ein optisches Spezialvergnügen – ein Erlebnis der Sinne, das uns immer wieder an das Schmunzeln des längst verblichenen Bauherrn Baron Giovanni de Castelmur erinnert.

Der ehrenwerte Name dieses Bündner Geschlechts ist aktuell geblieben: Der Generalsekretär der Bergier-Kommission zur Untersuchung der Rolle der Schweiz im Zweiten Weltkrieg heisst Linus von Castelmur…

Léopold Robert –
ein Künstlerleben

Léopold Robert, als Sohn eines einfachen Uhrmachers zu La Chaux-de-Fonds geboren am 13. Mai 1794, litt schon als Kind unter den groben Auftritten seines Vaters gegenüber Mutter Charlotte, die er in ihrer Duldsamkeit als «eine Heilige» erlebte. Er selbst war geprägt von tiefem Glauben, nicht als theoretisch-theologische Erkenntnis, sondern als Inhalt seiner täglichen moralischen Lebensweise. In einer kaufmännischen Lehre in Yverdon standen bald einmal Karikaturen statt Zahlen im Hauptbuch. So zeigte sich klar, dass Léopold auf eine andere Laufbahn vorbereitet werden sollte.
Im Alter von 16 Jahren finden wir ihn an der Kaiserlichen Akademie in Paris als begabten Schüler des berühmtesten Empire-Malers Jacques-Louis David. Auch A. J. Gros und Ch. Girardet unterrichteten den Neuenburger, der heute als «Begründer des italienischen Sittenbildes» gerühmt wird. 1814 errang Léopold den zweiten Preis im Kupferstich, musste aber nach dem Sturze Napoleons I. wieder in die Heimat zurückkehren.
Dank einem reichen Neuenburger Kaufmann durfte Léopold Robert dann seine Studien in Rom fortsetzen, wo er sich als eigentlicher Avantgardist in einem neuen Genre bewährte. Gewiss schuf auch er Bilder mit den üblichen Motiven aus Religion, Geschichte und der «besseren» Gesellschaft – vor allem aber wählte er sich die Darstellung des einfachen Volkes zum Thema seiner Malerei.
Man wurde auf ihn aufmerksam durch aktuelle Ereignisse, die er in lebensechte Gemälde umsetzte: Die Dörfer in den Bergen um Rom waren damals berüchtigte Räubernester. An einem Morgen sah Robert den Zug gefesselter Briganten von Sonnino auf dem Wege in die Gefangenschaft. Dank seiner feinsinnigen Beobachtung gewann er in seinen «vor Ort» angefertigten Skizzen den Gesichtern dieser «Out Laws»

*Léopold –
ein melancholischer
junger Mann, der
Porträtist schöner Frauen,
der sich «nie getraute».*

*Ist sie die geheime
«Räuberbraut» des
schüchternen Neuen-
burgers? Teresina, die
«Brigantenfrau», war
jedenfalls Léopold
Roberts römisches
Lieblingsmodell…*

Ein Wunschbild des unglücklichen Malers: Eine schöne gütige Frau, die ihm, dem unsteten Wanderer und «Seelenfischer», einen Krug mit kühlem Wasser (ein probates Mittel gegen Liebeskummer) offeriert.

Verraten seine umdüsterten dunklen Augen nicht schon das tragische Finale des berühmten Schweizer Malers?

eine derart bezaubernde Faszination ab, dass er sogar die behördliche Erlaubnis erhielt, sich in einem Gefängnis ein Atelier einzurichten. Seine Räuberbilder machten allenthalben Furore. Léopold Robert konnte nicht schnell genug malen, um die rege Nachfrage zu befriedigen. Materiell ging es nun mit ihm aufwärts und er hoffte schon, dass er seine Familie zu Hause aus ihren Geldnöten befreien und sie dann bei sich in Rom aufnehmen könnte.

Am häufigsten stand ihm bei seiner Arbeit die hübsche Teresa Modell. Bald wurde dem Maler ein Verhältnis zur «Räuberbraut» nachgesagt. Seine Hochachtung vor Frauen, sein makelloses Benehmen, seine sittliche Gesinnung und vielleicht auch andererseits ein gewisser Mangel an Temperament lassen diese «freie» Verbindung jedoch kaum glaubhaft erscheinen.

Sein Ehrgeiz galt nur dem Ziel, Ruhm zu erlangen, und er entzog sich auch deshalb willentlich jeder amourösen Regung. Das ging so weit, dass Léopold Kontakte mit gut situierten Damen sofort abbrach, wenn er Gefühle verspürte. Selbst der gute Rat aus dem Familienkreis, sich doch auch mit dem Gedanken einer Heirat zu befassen, fruchtete nicht. Erst berief er sich darauf, dass eine dauerhafte Bindung sein künstlerisches Schaffen behindern könnte – später meinte er, er sei für eine Ehe schon zu alt.

Mehr Mut bewies Léopold Robert hingegen bei seinen Bildungsreisen mit Malerkollegen in die Gegenden um Neapel. Er wählte oft «mit Herzklopfen» den Weg durch die gefährlichsten Räuberdörfer.

In Italien findet der Neuenburger Künstler immer grössere Anerkennung: Prinzen, Grafen und Honoratioren aller Rangstufen werden seine Bewunderer und Käufer. Bald kann er seinen viel jüngeren Bruder Aurèle nachkommen lassen, um ihn zum Maler auszubilden. Allerdings hat der Vater die Familie verlassen und Bruder Alfred begeht Selbstmord. Noch kommt es zu einem glücklichen Wiedersehen mit der Mutter, der es immer schlechter geht. Als ihr Ende naht, reist Léopold sofort heim, um ihr in der Sterbestunde beizustehen.

Schuldgefühle plagen jetzt den Maler: Gewiss war die Mutter nur wegen der Aufregung über ihren Besuch in Rom gestorben

und auch für Alfreds Freitod fühlt er sich verantwortlich, weil er seinem Bruder wegen Mangel an Talent abgeraten hatte, zu ihm nach Italien zu kommen. Léopold Robert wird immer schwermütiger und er zieht sich vom fröhlichen Treiben seiner Kollegen zurück.
Und dann trifft er Sie, Sie gross geschrieben: Die Prinzessin Charlotte-Napoléonne Bonaparte, Gattin ihres Vetters, des Prinzen Napoléon-Louis. Die Prinzessin ist die jüngste Tochter von Napoleons Bruder Joseph, dem ehemaligen König von Spanien, ihr Mann der zweite Sohn von Louis Bonaparte, dem früheren König von Holland und von Napoleons Stieftochter, der schönen Königin Hortense.
Die Napoleoniden hausen im Sommer in Florenz, im Winter aber «residieren» sie in der Villa Borghese in Rom. Dorthin wird Léopold Robert an einem Winterabend des Jahres 1828 eingeladen. Man will den erfolgreichen Künstler, von dem die ganze ewige Stadt spricht, kennen lernen. Auf den ersten Blick fühlt sich Léopold ergriffen. Charlotte ist so klein, zart und zerbrechlich, dass er unverzüglich das Bedürfnis verspürt, sie zu beschützen. Obwohl auch noch ihre Mutter, die Ex-Königin Julie (eine Schwester der Königin von Schweden, Desirée Bernadotte) im Salon anwesend ist, sieht der Maler nur Charlotte: Sie trug ein weisses, bis zu den Schultern ausgeschnittenes, in langen Falten fallendes Kleid mit einer angesteckten Samtblume. Mit anmutiger Geste hob sie manchmal den Schleierschal, wenn er herabgeglitten war, wieder auf ihre Schulter. Ihre Hände waren geradezu winzig, ihr modisch hochgekämmtes Haar war sehr gepflegt, ihre Stirn schmückte sie mit einer kleinen Goldzechine, die an einem samtenen Bande hing. Sie sass anmutig auf einem blauen Kanapee…
1830 finden wir Léopold Robert auf dem Wege nach Paris. Dort macht sein Sommerbild «Rast der Erntearbeiter in den Pontinischen Sümpfen» Furore. Auch an der Tafel des bayrischen Königs Ludwig I. in seinem Römer Palais und beim Schriftsteller Chateaubriand («er veranstaltete üppige Gastmähler») war unser scheuer Schweizer Künstler, stets «in Hoftracht», gern gesehener Gast.

Sophie-Adélaide Mairet aus dem heimatlichen La Chaux-de-Fonds, ein Porträt des 24-Jährigen...

... und die 1832 in Florenz skizzierte zierliche Juliette de Villeneuve – zwei schöne Frauen aus dem malerischen Repertoire des scheuen Künstlers.

Die ganz grosse Liebe des unglückseligen Léopold Robert: Prinzessin Charlotte-Napoléonne Bonaparte. Sie lebte von 1801 bis 1839. Sie war eine Tochter von Napoleons Bruder Joseph (von 1808 bis 1813 König von Spanien); Charlottes Tante war Königin von Schweden.

So sah sein Bruder Aurèle 1829 sein künstlerisches Vorbild Léopold Robert.

Als der kriegerische Napoleon-Louis am 17. März 1831 ausgerechnet an den Masern stirbt, eilt Léopold sofort zur Witwe, um sie zu trösten. Dabei kam er in jene Lebenslage, der er bisher stets ängstlich ausgewichen war: «Er liebt mit dem ganzen Feuer, der ganzen Hingabe und Selbstvergessenheit, deren sein reines Herz fähig ist. Es ist eine Besessenheit, eine Verzauberung, eine Verzückung. Er, der sonst so zurückhaltende Mann, schreit allen sein Glück ins Gesicht. Alle müssen von seiner wunderbaren Entdeckung und seiner Verwandlung wissen. Er ist von seinen Gefühlen so hingerissen, dass er sich nicht einmal fragt, ob seine Liebe auch geteilt werde. Lieben tut ja so wohl!» Seine Neigung zu einer Frau von hohem Stande gab er zwar jedem kund, ohne jedoch zu verraten, um wen genau es sich dabei handelte.

Er getraut sich nicht, ihr seine Liebe schonungslos offen zu gestehen – sie eine stolze Bonaparte, eine Königstochter und er «nur» einer von vielen fremden Malern in Rom ... Trotzdem war Léopold seine Karriere und sein wachsender Ruhm wichtig – dank seinem Ansehen konnte er seine Verbindung zu Charlotte aufrechterhalten. Die beiden korrespondieren zwar emsig und er besucht sie auch von Zeit zu Zeit. Das «kleine Wort» aber, auf das er sehnlichst wartet, wird weder geschrieben noch gesprochen.

Für ein «Winterbild» zieht der Künstler nach Venedig. Sein Bruder Aurèle gibt ihm zu bedenken, dass die Prinzessin bisher nichts zur Vorstellung beigetragen habe, Léopold sei mehr als nur ein guter Freund der Familie.

Nichts vom «heissen Herzen» ahnt indessen der französische Maler Odier, der aus Venedig nach Rom Grüsse zu den Bonapartes übermitteln soll. Er wird dank der Empfehlung Léopolds sehr herzlich von der Prinzessin empfangen. In einem Brief an den Freund in Venedig lässt Odier ihn begeistert wissen, dass er eigentlich nur ungern weitergereist sei, weil seine Avancen von Charlotte sicher bald erwidert worden wären.

Léopold gestand nun Odier, dass er Charlotte schon lange liebe, wünschte ihm aber viel Glück. Odier war entsetzt, beteuerte jedoch seine Ahnungslosigkeit und gelobte, die Prinzessin nie wieder zu treffen. Damit war die Welt dann reicher um zwei Männer, die gleich beide ihr eventuelles Glück zu Gunsten des Freundes zurückstellten.

Am 18. März 1835 war es zehn Jahre her, seit sein Bruder Alfred Selbstmord begangen hatte ... Am 20. März arbeitet der Künstler noch in seinem Atelier in Venedig an einer Kopie seines Erntebildes und plaudert am Abend mit Freunden und dem früheren Politiker der Republik Neu-Granada, Fortique, mit dem er eine Tour durch die Schweiz plant. Léopold Robert hat sich jedoch für eine weit längere Reise entschieden: Wenige Stunden später findet ihn sein Bruder Aurèle mit dem Gesicht auf dem Boden in einer Blutlache. Neben ihm liegt das Rasiermesser, mit dem sich Léopold die Kehle durchschnitten hatte. «Aurèle bricht in die Knie. Er hebt den Kopf des Sterbenden. Zwei letzte Seufzer haucht Léopold in seinen Armen aus. Dann ist es zu Ende.» Der Pfarrer von San Stefano weigert sich, ein Kruzifix, das auf die Bahre gelegt werden soll, für den Selbstmörder zur Verfügung zu stellen. (Später liessen es auch die Stadtväter von La Chaux-de-Fonds zu, dass Roberts Geburtshaus abgerissen wurde und sie verzögerten noch jahrzehntelang die Errichtung eines dem Maler gewidmeten Denkmals ...)

Am 23. März glitt die Totenbarke, gefolgt von Gondeln mit dem Trauergeleite, im langsamen Takt der Ruder zur Insel San Michele. «Rosig lag sie über dem blauen Meer der Lagune, mit den dunklen Spindeln der Zypressen.» Unter einer Marmorplatte, umrankt von Efeu und wilden Rosen, schlief Léopold Robert dort auf dem nichtkatholischen Teil des Friedhofs, bis seine sterblichen Reste im Oktober 1882 in der neuen protestantischen Abteilung des Gottesackers, am Fusse der Mauer gegen Murano, die das Grab vor den Nordwinden schützt, unter einem vom Schweizer Konsul Cérésole gestifteten Monument die letzte Ruhe fanden.

«Die Gedenksäule zeigt auf einem Bronzemedaillon das Profil des unglücklichen Malers. Davor ruht ein granitener Sarkophag. Auf dessen Deckel hat der Bildhauer David Doret zwischen Palmzweigen die Palette, die Handstütze und den Pinsel des Meisters dargestellt. Grüner Lorbeer umhüllt das Grabmal und verbirgt es vor gleichgültigen Blicken. Es sind nichts als alte Steine im Grünen, singende Vögel, und rings das Meer, das sich hinter den Mauern durch sein grosses Schweigen ahnen lässt. Welche Zuflucht für diesen Rasenden, diesen Leidenschaftlichen und Liebessehnsüchtigen, der sich stets nach der Ruhe des Todes gesehnt hat.»

Zum Finale des «peintre malheureux» gehört auch noch ein Blick auf das weitere Schicksal seiner angebeteten Charlotte, die von der Nachricht vom Tode ihres Freundes überrascht und betroffen war. Jetzt, zu spät, schrieb die Prinzessin in einem Trostbrief an Léopolds Bruder Aurèle, «unter Tränen und tief bekümmert»: «Ich habe Ihren Bruder zu gut gekannt, um für ihn nicht eine wirkliche Zuneigung zu empfinden. Und ich versichere Ihnen, dass die Gefühle, die er für mich hegte, mir überaus wertvoll waren.»

Charlotte wohnte nun im Sommer im Palazzo Serristori in Florenz, im Winter bei Madame Mère, der Mutter Napoleons, in Rom. In London trifft sie ihren Vetter Louis Napoleon. Im Kreise der Bonapartisten würde man die beiden gerne als Paar sehen, doch trennen sich ihre Wege bald wieder. Aus Louis Napoleon wurde dann später Kaiser Napoleon III. …

Charlotte als Kaiserin – eine Vision, die den unglücklichen Léopold Robert im Jenseits wohl auch nicht besonders beglückt haben dürfte … «Wahllos in ihren Bettaffären» im Kreise polnischer Emigranten wurde die Prinzessin vom Grafen Potocki schwanger. Er war entschieden «zugriffiger» als Léopold Robert und sein Freund Odier und machte mit der adelsstolzen Dame wenig Federlesens.

Auf dem Wege zu ihrer Entbindung, die sie in Genua oder in Nizza beabsichtigte, starb Charlotte Anfang März 1839 im Alter von erst 37 Jahren nach einem Kaiserschnitt zusammen mit ihrem tot geborenen Kind im Provinzstädtchen Sarzana.

In den «klassischen» Kunstlexika Bénézit und Thieme-Becker ist Léopold Robert jeweils mit zwei Textspalten gewürdigt. Rund hundert Handbücher, Monografien, Inventare und Kunstzeitschriften loben in ausführlichen kunstkritischen Betrachtungen sein Schaffen. Die Werke des (hyper)sensiblen Malers sind in insgesamt sieben schweizerischen und 18 ausländischen Museen zu bestaunen.

Alfred Hirschi –
der Glöckner von Zug

Den grössten Teil seines Lebens verbrachte Alfred Hirschi in Zug, wo er als stadtbekanntes Original Farbe in den Alltag trug. Besonders die Kinder freuten sich, ihn zu sehen. Die Anrede stellte niemandem Probleme. Jedes Schulkind sprach ihn mit «Du, Hirschi» an. «Du, Hirschi, sing doch noch eins!»
Ein urechter Zuger war das Stadtoriginal eigentlich nicht. Es tat seiner grossen Popularität jedoch keinen Abbruch, dass er (1884) in Erlach am Bielersee geboren wurde. Als junger Bursche arbeitete er in Grenchen als Milchmann. Vom Fernsehen wissen wir heute, wie animierend es wirkt, wenn man uns genüsslich etwas vorisst oder vortrinkt. Ob Hirschi wohl auch an eine Reklamewirkung dachte, wenn er jeweils auf seiner Tour immer wieder selber einen Schluck Milch trank? Weil er aber stets direkt aus dem Litermass schlürfte, mit dem er den Kundinnen ausschöpfte, verzichtete manche Hausfrau auf die Lieferung. Solche Abbestellungen wertete Hirschi auch positiv, weil seine Tour so schneller beendet war und er früher Feierabend hatte.
Später arbeitete er als Fuhrmann in Deutschland und zog 1913 nach Zug. Für die Pferdeposthalterei der Witwe Suter besorgte er als letzter Postillion von Zug den Dienst zwischen Bahnhof und Post. Das erforderte kaum spezielle Ortskenntnisse, weil das Pferd den Weg ja auswendig wusste. So konnte Hirschi, einmal majestätisch auf dem Bock thronend, dann wieder etwas verschlafen vor sich hindösend, das Gefährt unbesorgt dahinrollen lassen. Die Treue zu seiner Arbeitgeberin unterstrich er auch dadurch, dass er bald ihr zweiter Ehemann wurde.
Nach 1930 verzichtete auch die Post auf den Einsatz von Pferden. Hirschi war aber nicht geneigt, auf motorisierten Betrieb umzustellen. Da er ein ausgesprochener Tierfreund war, trat er als Pfleger in die Dienste des Ornithologischen Vereins. Er betreute die Voliere am Seeufer und sorgte sich

Noch in seinem Todesjahr 1956 trat Hirschi im Zuger Casino-Theater im Lustspiel «Hau den Lukas!» auf.

An Weihnachten 1954 präsentierte das Zuger Stadtoriginal als stolzer Urgrossvater seine beiden Urenkel Heinz und Erica.

auch um das Wildgehege im Rehpark. Die Fische, die er (immer mit seinem Markenzeichen, dem Panamahut auf dem Kopfe) jeweils an der Platzwehre fing, deponierte Hirschi dann in seinem Privatweiher bei seinem Hause auf der Schanz. Mit dieser Fischversetzung hatte das Zuger Original aber kein Glück, weil er schlicht vergass, dass die Seetiere zum Überleben frisches Wasser brauchen...

Den Schanzengraben versuchte Hirschi zu beleben, indem er von Gärtnern geschenkte Blumenzwiebelknollen oder Sträucher setzte – einfach so, zur privaten Stadtverschönerung.

Im Gedächtnis der Bevölkerung aber ist Hirschi vor allem als städtischer Ausrufer geblieben: Mit einer Glocke zog er die Aufmerksamkeit der Passanten auf sich. Dann verkündete er den Text, der ihm aufgetragen war: «Heute abend, zwanzig Uhr, im Hotel Soundso Tanz mit dem Orchester XY!» Wenn es sich um eine amtliche Mitteilung handelte, dann setzte sich Hirschi nicht den obligaten Panamahut aufs Haupt, sondern eine «offizielle» Schildmütze.

21 Jahre lang amtete Alfred Hirschi als städtischer Ausrufer, als «Glöckner von Zug». W. Haettenschweiler hat das Original trefflich skizziert.

In der Regel zog eine ganze Schar von Kindern und auch neugierige Erwachsene auf diesem Ankündigungsrundgang hinter dem Stadtoriginal her. An Geburtstagen bekannter Zuger Persönlichkeiten leisteten sich Freunde eines Gefeierten den Spass, das Ereignis durch Hirschi verkünden zu lassen. War dieser erst einmal im Besitz seines Honorars, dann zog er schnell vor das Haus des Geburtstagskindes, um dort die frohe Botschaft immer wieder so laut zu verkünden, bis man den penetranten Ausrufer ins Haus einlud. So kam Hirschi neben seinem Lohn zu ausreichend Tranksame und hatte ausserdem den Vorteil, dass seine «Tour» frühzeitig zu Ende war.

An heissen Tagen pflegte er seine Ausruferpflichten mit einem Besuch im Strandbad zu beschliessen. Dort stellte er sich zum Gaudi des Publikums in voller Montur unter die Dusche. Dann stieg er gemächlich auf der Leiter zur Rutschbahn empor und liess sich ins Kinderbassin gleiten. Manchmal beendete er seine Rundgänge in der Stadt auch mit einem Jodellied in urchigem Berndeutsch.

Am 3. Dezember 1956 starb das liebenswerte Zuger Original an den Folgen eines Hirnschlags.

Mäni Weber –
der Star ohne Schirm und Melone

Bekanntlich haben sich die Damen beim Anblick des jungen Mäni Weber keineswegs entsetzt abgewandt – im Gegenteil! Erstaunlich also, dass der am 26. Februar 1935 geborene Basler zunächst eher in einer Männerdomäne in Erscheinung trat: als Bierreklame auf einem 1959er-Kalender ...
Heute lebe er «einsam», wurde im Mai 1999 auf dem Titelblatt einer Illustrierten verkündet. Das wurde ihm allerdings nur «untergejubelt». So empfindet er es nicht. Zurückgezogen ja, aber er fühlt sich von den Menschen in seinem Wohnort Weggis sehr gut aufgenommen. Auch 240 persönliche Briefe auf jenen Artikel hin machten deutlich: zu den Vergessenen gehört er nicht. Was er sich wünscht, sind immer wieder neue Herausforderungen.
Trotz der einen oder anderen Panne ist sein Verhältnis zu den Medien nicht schlecht. Er ärgert sich nur, wenn die «Facts» nicht stimmen und zum Beispiel unabhängige Tatsachen vermengt werden: Mäni ist Inhaber eines Privatpilotenbrevets und er hat eine Urkunde, die ihn als Mitglied des Mach-2-Clubs anerkennt; des Kreises von Piloten, die schon doppelte Schallgeschwindigkeit geflogen sind. Als erster Journalist durfte er mit Oberstleutnant Moll in der Mirage III fliegen – Bundesrat Chaudet hatte ihm das am 1. Mai 1964 erlaubt. Aber «Miragepilot», wie ihn die Presse dann bezeichnete, ist Weber trotzdem nicht ...
Was er in seiner facettenreichen Laufbahn erlebt hat, sind grösstenteils Erinnerungen, die er nicht missen möchte, und er freut sich sehr über die Anerkennung seiner Leistungen. Eine lebende Ikone möchte er aber lieber nicht sein, denn er weiss, dass er heute noch in der Lage wäre, etwas auf die Beine zu stellen. Trotzdem hat er nicht die Verbissenheit eines alternden Stars, den keine zwanzig Pferde von der

Mäni Weber (64) – so wie er heute aussieht.

Mäni als echtes Basler «Wölfli» aus dem Gundeldingerquartier.

Bühne holen können. Also prallen zwei Gegensätze aufeinander: der Wunsch nach Gestaltung und die bescheidene Frage: Was solls überhaupt?
Gewiss: niemand hindert ihn an kreativer Arbeit. Kennen Sie zum Beispiel den Maler Mäni Weber? Nein! Das ist kein Zufall. Er malt nicht gut, wie er selbst sein Talent einstuft, aber leidenschaftlich gerne. Seine Werke verbrennt er in der Regel gleich wieder. Nie verspürte er den Wunsch, seine Bilder auszustellen. «Aus Gründen des künstlerischen Umweltschutzes», bekennt er selbstironisch. Trotzdem liess er es sich nicht nehmen, einmal in seiner Wohnung ein eigenes Bild zwischen zweien von namhaften Vertretern der Malerei aufzuhängen. «Von allen meinen Gästen hat damals kein einziger etwas gesagt. Ich nehme an, 90% davon, weil es anständige Leute waren, und 10% dachten wohl, die beiden anderen Künstler seien auch nicht besser.»
Den Ausdruck «Bescheidenheit» lässt Mäni nicht gelten. Er nennt es schlicht «Wahrheit» – und zu dieser hat er ein natürliches Verhältnis. «Zum Lügen bin ich zu dumm. Da müsste ich mich laufend erinnern, zu wem ich was gesagt habe. Es ist viel einfacher, zu den Dingen zu stehen, so wie sie sind.»
Wahrheitsliebe erfordert allerdings oft eine gehörige Portion

Mut im öffentlichen Auftritt. Und den hatte Weber schon zur Zeit, als viele in ihm nichts weiter sahen als den charmanten Präsentator von «Dopplet oder nüt» und «Wär gwünnt?»
In den Sechziger- und Siebzigerjahren war er viel unterwegs, häufig im Osten als Berichterstatter für Sportanlässe, und bei solchen Gelegenheiten interessierte er sich nicht nur für die Fitness von Schenkeln und Waden der Sportler. Er sah und hörte viel mehr als lediglich das, was sich in den Stadien zutrug.
Solche Erfahrungen haben ihn sensibilisiert für menschliche Probleme in den unterschiedlichsten Gegenden dieser Welt. Als Mann, der die Extreme kennt, siedelt er «die Wahrheit» fast generell im Bereich der Zwischentöne an. Schwarzweissmalerei trifft nach seiner Auffassung die Realität nicht. Also gibt er – wo immer möglich – ganz gerne «Gegengewicht». Darum verpflichtet sich Mäni auch keiner politischen Partei, weil Parolen meistens kaum Nuancen ermöglichen.
Dieser selbstständig denkende Weber war seinerzeit Gast in grösserem Kreis bei einem Anlass der südafrikanischen Botschaft in Bern, als nach allgemeiner Auffassung der Medienleute die Apartheidpolitik als skandalös betrachtet wurde. Da brachte Mäni den Mut auf, Aspekte anzuführen, die man jener Politik auch zugute halten konnte. Solche Voten hätten ihn seine ganze Popularität – die er damals genoss – kosten können. Er hatte aber die Grenzen des Risikos sehr gut ausgelotet, und der Skandal blieb aus. Es war nie seine grösste Sorge gewesen, dass sein Name unter einer freien Meinungsäusserung leiden könnte. Er und sein Name sind untrennbar. Also müssen seine Worte die wahren Empfindungen spiegeln. Daran hielt er sich auch in einem Presseinterview mit dem «Boten der Urschweiz» im Januar 1997.
Fäkalsprache ist gewiss nicht das Markenzeichen von Mäni Weber. Eine Bemerkung musste er gleichwohl loswerden und die Zeitung erhob sie gleich zur Schlagzeile: «Wir sind ein Volk von Hosenscheissern geworden.»
Klar: Mäni hatte seine Charakterisierung nicht pauschal auf alle Schweizer und Schweizerinnen gemünzt. Ihn beunru-

«National» im Doppelpack: Ferdi National (Kübler) und Mäni National (Weber) strampeln als Team für wohltätige Zwecke.

higt es jedoch, wenn sich Duckmäusermentalität breit macht. In der Bellevue-Bar neben dem Bundeshaus hat er viele Politiker erlebt, die im Privatkontakt klar und deutlich Meinungen und Forderungen formulierten, die hinterher im Parlament nie geäussert wurden. Solchen Charakteren vertraut er ungern, wenn es um die Vertretung der Landesinte-

Ein Scherz unter Kollegen hinter den Kulissen: Ursula Andress rasiert Mäni Weber. Will sie unbedingt einen James Bond aus ihm machen?

ressen geht. Schliesslich liebt er seine Heimat. Nicht, weil wir besser sind als andere, sondern in der Überzeugung, dass auch wir Verdienste und berechtigte Ansprüche geltend machen können.

Was geschehen kann, wenn einer einmal nicht das Erwartete sagt, kennt Mäni Weber aus eigener Erfahrung. In einem Radiointerview wurde ihm vorgeworfen, sich zu einer bestimmten Sache noch vor wenigen Wochen ganz anders geäussert zu haben. Weber konterte elegant: «Sehen Sie, so schnell geht bei mir der Lernprozess!»

Schonungslos ging es auch im Sommer 1999 bei Tele 24 zu: Roger Schawinski versuchte Weber «in die Pfanne zu hauen», doch dieser konterte die pfiffigen Fragen des versierten Moderators elegant. Aus solchen «gnadenlosen Wortgefechten» stammen denn auch die folgenden typischen Mäni-Zitate: «Du musst als Millionär nicht so gutmütig von oben herab zu mir sprechen ...»

In Anspielung an sein Image als Charmeur aus der Quiz-Zeit fragte Schawinski, wie es denn bei Weber heute um die jun-

gen Damen bestellt sei. Mäni brachte es auf den Punkt: «Ich finde es eher würdelos, wenn sich alte Pfeffersäcke unbedingt mit jungen Mädchen zeigen müssen.»
Nach einem anderen Interview erhielt Weber statt des erhofften Honorars eine gesponserte Kaffeemaschine. Was für ein Geschenk für einen, der Geld nötig hätte, aber nie Kaffee trinkt!
Aus solchen ungeschminkten, sozusagen amerikanischdirekten Talk-Shows der Privatsender resultierten aber erfreulicherweise auch neue Kontakte zum Schweizer Fernsehen DRS.
Ein Unternehmen, so erzählt Mäni weiter, habe einmal sein Konterfei für eine Werbekampagne benützt. Ohne jegliche Absprache ging das versprochene Honorar dann aber nicht an ihn, sondern an eine wohltätige Organisation ...
Die Gelassenheit, mit der Mäni derartige Erfahrungen trägt, ist bewundernswert. Er bläst nicht zum Kampf. Gegen aussen bleibt er völlig Gentleman. Fast britisch! Ob er das wohl von damals hat?: Im November 1973 durfte er auf einem privaten «Royal Flight» Prinzessin Anne und Captain Mark Philips nach Barbados begleiten. Es war der Beginn der Hochzeitsreise des Paares. Neben seinen Engagements im Radio und beim Fernsehen schrieb Weber in jener Zeit auch Kolumnen, zum Beispiel für die «Neue Presse» oder für «Annette». Aus Gründen der königlichen Geheimhaltung durfte er die Redaktorin erst kurz vor dem Abflug über seine Abwesenheit informieren. Die schnell vereinbarte Übermittlungslösung versagte aber, und so musste Annette Ringier nachts im Bett eine Stunde lang Sekretärinnenarbeit leisten und am Telefon Mänis Diktat seiner Exklusiv-Reportage aufnehmen. Sekretärinnen hatte Mäni Weber in seiner Laufbahn viele. Doch im Gegensatz zu ihm, so meint er schmunzelnd, stehen diese heute in angesehenen Stellungen; so ganz nach dem Motto «Wer das Stahlbad bei Mäni überstanden hat, kann nur noch Karriere machen».
Zweifellos ist es eine verdiente Ehrung, dass das Schweizer Fernsehen im Herbst 1999 einen 50-Minuten-Dokumentarfilm mit dem Titel «Mäni National» über den vielseitigen Medienmann ausstrahlte. Denn auch für den Bildschirm

hat er sehr viel geleistet, seit er 1960 quasi über Nacht auftauchte: Dr. Erwin Roth, der Präsentator der medizinischen Sendung, war schwer erkrankt. Innert vier Tagen musste ein Ersatz her. Walter Plüss setzte sich für Mäni Weber ein und der gelehrige Schüler begriff sehr schnell, wie man sich vor der Kamera bewegt, wie man seine Blicke lenkt und mit der Technik «flirtet», um effektvolle Bilder zu erhalten.

Bald war er im Team von «Heute abend in …» unter der Leitung von Walter Plüss neben Heidi Abel, Jean Pierre Gerwig, C. F. Vaucher und Laure Wyss. Auch für das «Magazin der Frau» gestaltete Weber regelmässige Beiträge. Mit dem Ex-Profiboxer Peter Müller diskutierte er über Fitnessideen und er interviewte Ehefrauen von Spitzensportlern. Mit diesen Auftritten konnte Weber Live-Erfahrungen sammeln, die ihm enorm wichtig waren.

Schliesslich nahmen den «Newcomer» auch die Leute von der Kulturredaktion zur Kenntnis, die bis dahin meist grusslos an ihm vorbeigegangen waren. Mäni moderierte die Eurovisionssendung «Spiel ohne Grenzen» aus Zofingen für mehr als 100 Millionen Fernsehzuschauer. Es folgte eine Reportage über eine Hochzeit am Hof des Fürstentums Liechtenstein.

Webers Sendungen «Praktische Medizin» und «Fortschritt der Medizin» fanden ebenfalls internationale Beachtung. Ein Beitrag zur Flugmedizin wurde 1967 sogar mit dem Grand Prix de Cannes ausgezeichnet als beste Live-Dokumentarsendung von 45 Ländern. Es ging um einen simulierten Flug in der Druckkammer, bei dem Mäni ohne Sauerstoffmaske innert 25 Minuten auf die atmosphärischen Bedingungen einer Höhe von 8300 Meter versetzt wurde. Der Test zeigte die Wirkung des Sauerstoffmangels auf den Menschen vom Zustand der Euphorie bis zur Bewusstlosigkeit. Auf Webers mutige Anordnung hin wurde die bisherige Rekordhöhe von 8000 Meter «überstiegen», obwohl er wusste, dass schlimmstenfalls sogar der Tod hätte eintreten können. «Es wäre ein schöner Tod gewesen», meint er heute, «– und sogar noch vor laufender Kamera!»

Heidi Abel und Mäni Weber, die beiden Lieblinge des Schweizer Fernsehpublikums der Sechzigerjahre.

Erfolg hatte Mäni dann auch am Radio; zum Beispiel als die «Siesta» von DRS 1 eine Serie dem Thema «Mein glücklichster Tag» widmete. Eine Anruferin verdankte ihren glücklichsten Tag Mäni Weber selbst. Ihr Sohn, ein Eishockeyfan, lag nach einem Skiunfall neun Monate lang im Koma – unansprechbar trotz vieler Bemühungen. Irgendwann wurde auch Mäni ans Bett geholt, denn in ihm vereinigten sich Berührungspunkte, die möglicherweise zum Erfolg führen konnten: Kenntnis in Medizin, im Sport und eine dem jungen Mann vertraute Stimme. Tatsächlich wachte der Patient auf. Was hatte Weber gemacht? Als Einziger sprach er mit dem Bewusstlosen nicht über seinen Unfall, sondern über seine Leidenschaft, das Eishockey ...
Eine Sequenz im Fernsehporträt verweist auf Mänis Hochzeit im Jahre 1968 mit Irene Monigatti. Es war das einzige helvetische Jawort, das vom Schweizer Fernsehen direkt übertragen wurde. Für das Paar läuteten sogar die Glocken

Der Tag, an dem manche Mutter ihre Träume von einem idealen Schwiegersohn revidieren musste: Mäni Webers Hochzeit 1968 mit Irene Monigatti.

des Stadthauses von Maienfeld, die sonst nur zur Einberufung des Stadtrates erklingen.
Die Ehe Weber-Monigatti dauerte allerdings nur bis 1972. Für den Film «Mäni National» jedoch ist ein Wiedersehen mit der Ex-Frau an der gleichen «historischen» Stelle arrangiert worden. Für Mäni endete dieses «Remake» im Glücksgefühl, dass dank einem Medienanlass im Gespräch beiderseits so vieles aufgearbeitet und klar geworden ist, was damals völlig falsch aufgefasst worden war.
In seinen Glanzzeiten war Weber auch ein beliebtes Sujet an der Basler Fasnacht: Als «König» Hermann Viktor widmete man ihm sogar eine ganze Fasnachtszeitung ... An (selbst-)ironischem Basler Witz hat es «Mäni National» jedenfalls nie gefehlt.

*Mäni geklont? Nein. Das Original begegnet sich selbst.
Fasnächtliche Reminiszenzen sind für einen Basler wie
Lorbeeren: Die Alte Garde der Lälli-Clique wählte 1995
das Sujet «Adie Mäni – adie Radio Basel!»*

Da hat man doch auch gelesen, Mäni wolle sich zu Weihnachten 1999 seine Memoiren schreiben. «Eher hacke ich mir die Hand ab, als dass ich meine ‹Lebensbeichte› verfassen würde. Man sieht doch jedes Jahr an der Frankfurter Buchmesse, was dem Leser da alles zugemutet wird!»
Vielleicht spielt da auch ein Gedanke mit, den Weber schon in den Sechzigerjahren hatte, als ihn der Theaterregisseur Rudolf Noelte einlud, am Zürcher Schauspielhaus in Max

Hermann Viktor Weber im Gespräch mit dem Präsidenten der USA, Richard Milhouse Nixon.

Frischs «Biografie – ein Spiel» die Rolle des Registrators zu übernehmen. Mäni hätte es sich zwar zugetraut und auch die Lust, wieder einmal auf Bühnenbrettern zu stehen, fehlte ihm nicht. Er spürte aber förmlich die Schlagzeilen: «Muss er es jetzt auch noch am Theater versuchen?» und er sagte ab. «Ich wollte mich nicht der Öffentlichkeit zum Frass vorsetzen.»

Was war denn eigentlich bis heute das Grösste im Leben unseres Schweizer Medien-Originals? Doch sicher das Interview mit dem amerikanischen Präsidenten Nixon! Da winkt Mäni ab: «Ach was! Mit Präsident Ford hatte ich übrigens auch ein Gespräch – aber das braucht man überhaupt nicht zu erwähnen!» Und nach einer kurzen Denkpause kommt es: «Die grösste Tat, wo es mich wirklich gebraucht hat: Ich habe einen Penalty von Horst Singer gehalten.» (Mäni war Handballtorhüter bei der Schweizer Studenten-Nationalmannschaft und Horst Singer ein berühmter deutscher Handballspieler.)

Der vielseitig interessierte, sprachenkundige und weitgereiste Mäni Weber hat viele Höhen und Tiefen erlebt. Die Einstufung der Ereignisse in solche, die nun eminent wichtig und in andere, die eher nebensächlich sind, nimmt er längst nicht mehr nach den gleichen Kriterien vor wie die meisten von uns. Sein Lebensbild ist ein Mosaik von Episoden, die alle Teil des Ganzen sind, egal, wann das einzelne Steinchen dazukam. Er ist 64, Frührentner und weise geworden. Aber zum Lügen ist er immer noch zu dumm!

Francesco Borromini –
vom Aussiedler zum Einsiedler

Als der Tessiner Francesco Borromini auf einer schweizerischen Hundertfrankennote geehrt wurde, fragten sich viele, wer denn das überhaupt sei.
Geboren wurde der Mann auf dem blauen Geldschein als Sohn des Architekten Domenico Castello in Bissone am Luganersee am 25. September 1599. Den Namen Borromini nahm er aber erst 1629 an. Als Knabe ging Francesco nach Mailand um das Handwerk eines Steinmetz zu erlernen.
Im Alter von 16 Jahren zog er dann weiter nach Rom zu seinem Landsmann, dem Baumeister Carlo Maderno. Unter dessen Anleitung arbeitete der talentierte Jüngling an der Peterskirche und am Palazzo Barberini. Nach Madernos Tod wirkte Francesco an beiden Bauten weiter mit. Papst Urban VIII. ernannte aber nicht ihn, sondern – zur grossen Enttäuschung des ehrgeizigen Tessiners – den nur wenig älteren Lorenzo Bernini zum päpstlichen Baumeister. Unter dessen Leitung entwarf der «Zurückgesetzte» den bronzenen Altarbaldachin der katholischen Hauptkirche.
Von nun an nannte er sich Borromini. Über den Namen wird noch heute gerätselt. Manche vermuten, er stamme aus der Verwandtschaft mütterlicherseits. Wahrscheinlicher ist eine Anlehnung an den früheren Erzbischof, Carlo Borromeo, der zu Borrominis Mailänder Zeit heilig gesprochen wurde. Denn eben diesem Heiligen war dann später auch Borrominis erste (selbstständig gebaute) Kirche geweiht. Mit dem Namen Borromini kann jedoch auch eine wenigstens verbale Annäherung an den glücklicheren Rivalen Bernini bezweckt worden sein.
Fast zwangsläufig kam es dann zu Differenzen zwischen den Konkurrenten. Borromini ging ab 1633 seine eigenen Wege. Mit der Bearbeitung von Marmor vertraut, begann er seine eigene Karriere vorerst nur mit Steinmetzarbeiten. Ein Lieb-

«Ein Borromini» – das waren bis vor wenigen Monaten noch hundert Schweizerfranken. Warum auf einer unserer Noten nicht ein nationales Monument, sondern ein römischer Kirchturm abgebildet war, erklären wir in unserem Bericht über den legendären Tessiner Architekten.

haber des Gesteins blieb er aber sein Leben lang. Er verstand es, diesem Material eine persönliche Note zu geben. Sein erstes grosses Werk war die Kirche San Carlino alle Quattro Fontane. (Die Fassade dieser geweihten Stätte [zur Kirche gehörte auch ein Kloster] sollte übrigens ein gutes Vierteljahrhundert später auch seine letzte Arbeit werden...) Schon dieses «Debut» Borrominis zeigte die besten Qualitäten des Künstlers: Originalität der Motive, stark bewegte Formen, graziöse Gliederung und meisterhafte Raumverschränkungen.

Borromini schuf absolut Neuartiges in seiner Zeit – so auch beim Bau des Philippinerklosters, das im Jahre 1642 vollendet wurde. Ganz neu war hier die einreihige Säulenanordnung und auch die konkave Fassade kannte kein früheres Beispiel dieser Art. Kardinal Filomarino kam eigens aus Neapel zur Einweihung und gab dem Künstler gleich die Gestaltung des grossen Altars für die Grabkapelle der neapolitanischen Apostelkirche in Auftrag.

Borrominis unerschöpfliche Fantasie manifestierte sich auch bei der Renovierung des Palazzo Spada. Von seiner per-

Eines der Meisterwerke Borrominis ist die Cupola und das elegant verspielte «Laternino» der Römer Chiesa della Sapienza.

spektivischen Anordnung der dortigen Hof-Galerie liess sich nun sogar der grosse Rivale Bernini inspirieren.
Eines der Meisterwerke Francescos ist die Kuppel der Kirche San Ivo in der Römer Universität, bewundert in Italien und im Ausland und mehrfach imitiert.
Während des Pontifikats von Innozenz X. von 1644 bis 1655 erlebte Borromini seine aktivste Schaffenszeit, begünstigt auch dadurch, dass Bernini damals in Ungnade gefallen war. Von seinem Werk zeugen noch heute 24 meist sakrale Prachtsbauten in Rom und der Filomarino-Altar in der Apostelkirche in Neapel – wer aber war der Mensch Borromini?
Er war nicht glücklich, sondern einsam und von Nervenkrankheiten gepeinigt – ein untröstliches Bild der Traurigkeit. Ständig plagten ihn melancholische Stimmungen, die er manchmal bis zur Hypochondrie entwickelte. Er wich als rastloser introvertierter Grübler dem Gespräch mit anderen Menschen aus und hätschelte seine trüben Gedanken, die ihn immer stärker in die Schwermut führten. Dazu kamen Angstgefühle, die vermutlich von einem Magenleiden herrührten. Wenn er hektisch

Die «Scala ellittica» im Römer Palazzo Barberini beweist uns, welche Perfektion der Schweizer Barock-Architekt auch in profanen Bauten erreichte.

die Augen verdrehte und verstörte Blicke um sich warf, schreckte das auch ihm prinzipiell Wohlgesinnte. In einem seiner Anfälle verbrannte Francesco Borromini im Sommer 1667 alle seine Entwürfe, Pläne und Skizzen und es blieben nur wenige seiner Aufzeichnungen in öffentlichen und privaten Sammlungen erhalten.

In der Nacht zum 2. August 1667 lag der Architekt im Bett. Er geriet in Streit mit seinem Diener, weil dieser sich auf Geheiss des Arztes weigerte, dem Kranken ein Licht zurückzulassen. Das erzürnte den Hausherrn so masslos, dass er gegen sich selbst wütete und sich einen Schwertstreich versetzte. Daran starb Francesco Borromini noch am gleichen Tage: Ein unrühmliches Ende eines ruhmvollen Lebens.

Man nimmt allerdings an, jener Streit als Auslöser habe nur noch den zufälligen Zeitpunkt des kuriosen Selbstmordes bestimmt. Bestärkt in dieser Ansicht wird man beim Betrachten des letzten Werkes des grossen Meisters, der kurz nach seinem Tod vollendeten Fassade zur Kirche San Carlino alle quatro Fontane. Etwas Übersteigertes, Massloses liegt darin. Zu viele Ideen sind hier auf kleinstem Raum ablesbar. Man kann sich des Eindrucks nicht erwehren, Borromini habe noch einmal, ein letztes Mal, die unerschöpfliche Quelle seiner Gedan-

Aus dem zweibändigen Werk «Opus architectonicum equitis Fr. Borromini» (erschienen 1720) stammt dieses Porträt des «Cavaliere» und «Celebre Architette». Zirkel, Massstab und Winkel rahmen sein Konterfei.

kenschätze sprudeln lassen, sich einmal noch uneingeschränkt offenbaren wollen, bevor er aus dem Leben schied.

In unserer Zeit lobte Paolo Portoghesi Borromini als einen der grössten Baumeister des Römischen Barock. Auf 450 Seiten in Grossformat mit Fotos aller Borromini-Kirchen und -Klöster werden alle Einzelheiten dieser Kunstwerke präsentiert: Fassaden, Türme, Grundrisse, Aufrisse, schematische Darstellungen, Dächer, Gewölbe, Kuppeln, Kapellen, Nischen usw.

Dass es sich bei Francesco Borromini wirklich um «un grande architetto ticinese à Roma» handelte, beweist auch die Tatsache, dass seit seinem Tode über 400 Artikel und Schriften über seine Person und sein Wirken entstanden sind.

Das «Schweizer Lexikon» schwärmt: «Über bewegten Grundrissen aus Ovalen oder Dreiecken schuf Borromini als erster verschwebende Raumdurchdringungen, löste die plastischen Massen auch der Fassaden in Kurven auf und gab der Dekoration ihr jegliches Schwergewicht überwindende Leichtigkeit.»

Sagen wir es etwas überspitzt: Die beiden Kontrahenten Lorenzo Bernini und Francesco Borromini haben zusammen respektive gegeneinander den Baustil des Barock geprägt.

«Jahrhundertelang», meint Fritz Wartenweiler, «haben sich mitteleuropäische Architekten an ihren Beispielen entwickelt und weitergebildet.»

Dass Architektur eine Kunst sein konnte und immer noch sein kann, wird uns erst heute so recht bewusst, wo seelenlose, unästhetische Zweckbauten dieses einst edle Metier in Verruf gebracht haben.

Francesco Borrominis gestalterische Ideen, sein Stein gewordener Geist und seine originellen architektonischen Inspirationen haben schliesslich auch die mitteleuropäische Baukultur beeinflusst: Besonders ausgeprägt findet man die Spuren seiner Gedanken in Süddeutschland und Österreich, wo sie vor allem zu Beginn des 18. Jahrhunderts aufgegriffen und zum Rokokostil weiterentwickelt wurden.

Der Cavaliere Francesco Borromini, der Sohn des Tessins, hat sich seinen Ehrenplatz in unserer Galerie origineller und bedeutender Schweizer trotz seinem umdüsterten, melancholisch-dramatischen Finale redlich verdient.

Rolf Zinkernagel –
der Nobelpreisträger von nebenan

Seine Bescheidenheit ist sprichwörtlich, sein freundliches Wesen ergänzt die wissenschaftliche Bedeutung dieses Mannes in so sympathischer Weise, dass wir Rolf Martin Zinkernagel durchaus in die ehrenwerte Galerie unserer Schweizer Originale, Abteilung Prominenz, aufnehmen dürfen …
Als 24. Schweizer in der Geschichte der Nobelpreisverleihungen durfte Professor Zinkernagel am 10. Dezember 1996 aus der Hand des schwedischen Königs die höchste Auszeichnung für Leistungen auf dem Gebiet der medizinischen Forschung entgegennehmen. Diese Ehrung teilte er mit dem australischen Forscher Peter C. Doherty für eine Entdeckung aus ihrer Zusammenarbeit in den Jahren 1973 bis 1974 an der John Curtin School of Medical Research in Canberra. Gemeinsam hatten sie sich dort die Erkenntnis erarbeitet, wie das Immunsystem des Körpers virusinfizierte Zellen von solchen unterscheidet, die nicht infiziert sind. Als Folge dieser Entdeckung öffneten sich neue Wege in der Bekämpfung von Infektions- und Krebskrankheiten.
Rolf Zinkernagel, der rund 200 wissenschaftliche Arbeiten publiziert hatte, waren bis dahin schon verschiedene Ehrungen und Auszeichnungen zuteil geworden, doch war dies vornehmlich nur in Insiderkreisen bekannt geworden. Mit der Verleihung des Nobelpreises jedoch war die Ausdehnung seines Bekanntheitsgrades nicht mehr aufzuhalten.
Basel und Zürich, Städte aus seinem Wirkungskreis, waren stolz auf ihn und freuten sich über die hohen Ehren, die einem der ihrigen zuteil geworden war. Der Preisgekrönte musste sich aber zuerst einmal selber bewusst werden, was der Nobelpreis für ihn persönlich bedeutet. Er vergleicht diese Auszeichnung mit dem «Zuckerguss auf dem Kuchen». Diese bildhafte Aussage verdeutlicht, dass ihm der

Preis als eine höchst willkommene Zugabe zu einer Sache erschien, die auch bereits ohne diese «Krönung» sehr «schmackhaft» gewesen wäre. Und in der Tat sieht der Gelehrte die primäre Befriedigung bei seinen Bemühungen in der täglichen Teamarbeit, im steten Vorankommen in manchmal winzigen Schritten oder auch in der gegenseitigen Bestärkung. Meist dauert es ja gerade in der Forschung sehr lange, bis ein neuer «Groschen fällt».

Es ist typisch für Zinkernagels bescheidene Sachlichkeit, dass er jeglichen Erfolg immer als ein Verdienst des gesamten Teams betrachtet und ihn nicht allein auf seine eigene Tätigkeit bezieht. In diesem Sinne hat für ihn auch das Herauspicken einer Einzelperson zur Auszeichnung zumindest auf seinem Gebiet den Makel, dass es zahlreiche hervorragende Forscher unberücksichtigt lässt. Dennoch macht er sich als Auserwählter keine Gewissensbisse und erwähnt vergleichsweise die Malerei, wo ja auch unter einer Vielzahl von Künstlern nur ganz wenige zu Weltruhm gelangten.

Die Kulisse für sein «Nahezu 24-Stunden-Hobby» als ordentlicher Professor und Direktor des Institutes für Experimentelle Immunologie in Zürich ist seit 1992 ein kleines Büro im Ausmass von nur wenigen Quadratmetern. Es könnte als Beispiel und Sinnbild für Zinkernagels einfache und sachliche Art dienen – eine nüchterne spartanische Arbeitsstätte ohne grossspurige Repräsentationsabsichten. Der Gelehrte ist eben ein akademischer Schwerarbeiter ohne jeglichen Hang zum Blender.

Das zweifellos willkommene Nobel-Preisgeld von 700 000 Franken stellt für ihn nur die eine Seite der hohen Auszeichnung dar. Im Sinne seiner Arbeit wesentlich wichtiger ist für ihn der Umstand, dass ihm seither neue Kommunikationswege offenstehen. Nur zu gut kennt er die Skepsis und die Ängste der Öffentlichkeit gegenüber modernen Forschungstendenzen. Er ist sich bewusst, dass die Wissenschaft auf das Publikum zugehen und sich verständlich mitteilen muss. Es liegt ihm viel daran, mit einfachen publizistischen Aktionen die Anliegen der Forschung fassbar zu machen und Bedenken abzubauen. So war zum Beispiel Zinkernagels viel

Der grosse Moment: Rolf Zinkernagel (rechts) präsentiert mit berechtigtem Stolz den Nobelpreis 1996 für Medizin, den er zusammen mit seinem australischen Forscherkollegen Peter C. Doherty aus der Hand des schwedischen Königs entgegennehmen durfte.

beachtetes und temperamentvolles Engagement gegen die Genschutzinitiative von tiefer Besorgnis um die Bedeutung des Forschungsplatzes Schweiz erfüllt.
Der Nobelpreisträger ist überzeugt, dass die Grenzen des möglichen Wissens noch lange nicht erreicht sind. Darum befürwortet er die Erforschung alles Erforschbaren. Das bedeutet aber keineswegs, dass nicht auch für ihn ethische und moralische Kriterien zu berücksichtigen sind. Nur wünscht er sich dabei vernünftige Relationen. Auch in den Zielen aller medizinischen Forschung liege eine hohe Ethik, die, so glaubt Zinkernagel, in einem angemessenen Verhältnis zum Beispiel auch Tierversuche zu Forschungszwecken rechtfertige.

Das Team: Professor Zinkernagel schätzt vor allem die kontinuierliche Arbeit im Kreise seiner Mitarbeiter, den steten Fortschritt in manchmal winzigen Schritten oder in der gegenseitigen Bestärkung.

Einem, der besonders intensiv in einer akademischen Tätigkeit aufgeht, sagt der Volksmund gerne nach, er sei wenig zugänglich für andere Lebensinhalte. Von Rolf Zinkernagel kann man dies in keiner Weise behaupten. Er ist vielseitig interessiert und widmet sich durchaus auch profanen Dingen, wenn er dazu Zeit findet. So liest er zum Beispiel mit Vorliebe Bücher von Arthur William Upfield (1888–1964), der in einer Art Ethno-Krimi gerne die Grenzen der zwingenden Logik durchbrach. In der Gartenarbeit findet unser Nobelpreisträger genauso Befriedigung wie bei Skitouren in der Abgeschiedenheit des Hochgebirges. Dass er nebenbei Himmelbetten sammelt, erinnert an seinen Jugendwunsch, Schreiner zu werden. Das handwerkliche Geschick dazu hat er bis heute nicht verloren ...

Zinkernagel ist auch Opernfreund – mit besonderer Liebe zum Belcanto. Dass er selber über eine gute Singstimme verfügt, wird er in seiner Bescheidenheit wohl kaum behaupten. Er wird jedoch zugeben, dass ihm dieses Talent nachgesagt

Sport und Familie: Die Zinkernagels rasten auf einer ihrer Hochgebirgs-Skitouren.

wird; denn von allem, was er in seinem Werdegang zurückstellen musste, bedauert er am meisten, dass er keine Weiterbildung im Gesang geniessen konnte.

Der Verfasser dieses Berichtes hatte das Vergnügen, dass er von 1954 bis 1957 mit Rolf Zinkernagel zusammen in der gleichen Schulklasse war. Rolf war, daran bestand nie Zweifel, der unangefochtene Klassenprimus. Aber wir hatten nie den Eindruck, dass er sich darauf etwas einbildete. Er kümmerte sich mehr um das Beherrschen des Stoffes als um den Rang. Seine freundliche Hilfsbereitschaft und sein Talent, auch komplizierte Zusammenhänge einfach zu erklären, hat sich schon damals klar abgezeichnet. Schon als Schüler war er ein offener, fairer, interessierter Kamerad von schlichter Natürlichkeit.

Für den Weg von Basel nach Zürich gibt es kürzere Varianten als jene, die Rolf Zinkernagel wählte: Geboren wurde er am 6. Januar 1944 in Riehen. Nach der Matura studierte er an der Medizinischen Fakultät der Universität Basel und bestand im «wilden» 1968er-Jahr das Staatsexamen. Zwei Wochen später heiratete er seine Studienkollegin Kathrin

Der Dozent: Seit 1992 ist Rolf Zinkernagel ordentlicher Professor der Universität Zürich und Direktor des Instituts für Experimentelle Immunologie. Die Begeisterung, die ihn für seine Thematik erfüllt, gibt er mit viel Engagement auch an seine Studenten und Studentinnen weiter.

Lüdin, die sich auf Augenheilkunde spezialisierte und heute eine eigene Teilzeit-Praxis führt.
Zunächst arbeitete der junge Arzt als Assistent in der Chirurgie des Basler Claraspitals. Innerhalb eines Jahres gewann er die Gewissheit, dass er sich nicht dauerhaft in diesem Gebiet betätigen möchte. Er sah sich nach neuen beruflichen Möglichkeiten um und gelangte – auch dank der Vermittlung namhafter Persönlichkeiten – auf einen Berufsweg, der seinem Forscherdrang und seinen Neigungen besser entsprach.
Seiner Familie ist er äusserst dankbar, wie bereitwillig sie eine ganze Reihe von Umzügen auf sich genommen und ihm

Der Forscher: Mit Akribie und unermüdlichem Fleiss widmet sich der Schweizer Nobelpreisträger seinen Forschungen auf dem Gebiete der Immunologie, wo er immer wieder Neuland entdeckt.

so die Verfolgung seiner Laufbahn sehr erleichtert hat: Auf die Tätigkeiten in Basel und in Lausanne folgte der grosse Umzug nach Australien. Auf die Zeit in Canberra fiel dann nicht nur das Experiment, das Zinkernagel später den Nobelpreis eintragen sollte, sondern auch eine zusätzliche Promotion in Phil II an der Australian National University. Etliche Jahre am Forschungsinstitut der Scripps Klinik in La Jolla in Kalifornien brachten den Aufstieg vom Assistant Professor zum Associate Professor.

Über all diese Stationen seines beruflichen Lebensweges gelangte der Gelehrte im Oktober 1979 ans Institut für Pathologie des Universitätsspitals Zürich, zunächst als ausserordentlicher, später als ordentlicher Professor. In seiner heutigen Eigenschaft widmet der Nobelpreisträger einen grossen Teil seiner Zeit der Förderung junger Fachkräfte.

Rolf Zinkernagels Hund würde vielleicht noch Wert auf die Ergänzung legen, dass der Weg der Familie auch über das

Oberbaselbieter Dorf Oltingen geführt hat. Dort nämlich soll es sich zugetragen haben, dass es dem Professor offenbar unter der Belastung profaner Lebensmitteleinkäufe entfallen war, dass er seinen Hund vor dem Laden angebunden hatte. Auf die Dorfbevölkerung war aber Verlass. Die Leute haben sich in rührender Weise dem vergessenen Vierbeiner angenommen – sicher auch als Dienst am hochgeschätzten Zweibeiner...

Eines ist sicher: Der Familienname des Nobelpreisträgers wird der Medizin auch in Zukunft in diversen Sparten präsent bleiben, denn die drei Kinder von Kathrin und Rolf Zinkernagel, Christine, Annelies und Martin, haben sich alle diesem anspruchsvollen Gebiet verschrieben.

Heinrich Gretler –
wortkarger Wortbewunderer

Eigentlich hätte er auch Opernsänger werden können: Kritiker rühmten seinen voluminösen und «samtig-weichen» Bassbariton als Falstaff in «Die lustigen Weiber von Windsor», oder seine Interpretationen des Riesen Fasolt in Wagners «Rheingold», des Titurel im «Parsifal» und des Monterone in Verdis «Rigoletto» …
Seine wahre Erfüllung und Meisterschaft aber fand der liebenswürdig-originelle Schauspieler mit der markanten Nase im Sprechtheater.
Werner Wollenberger schildert uns als Freund des grossen Schweizer Mimen in seiner unübertrefflichen, kurz nach dessen Tod erschienenen Biografie den Werdegang eines in jeder Beziehung ausserordentlichen Künstlers: Als drittes Kind des Laboranten Gretler wurde nach zwei Töchtern am 1. Oktober 1897 der Sohn Heinrich Gretler im Zürcher Quartier Hottingen geboren. Seine ersten Berufsträume verriet der Knabe in einem Schulaufsatz: «Ich möchte Lehrer werden, weil man da immer Ferien hat und schnell viel Geld verdient.» Für diese Behauptung verdiente sich Heinrich aber vorerst einmal eine Ohrfeige seines Pädagogen, weil man damals auch noch handgreiflich und keineswegs nur antiautoritär unterrichtete. Später besuchte Gretler tatsächlich das Lehrerseminar und wurde Lehrer in zwei Landgemeinden. Sehr lange hielt er es in diesem Berufe allerdings nicht aus. Der Theaterteufel, die Theaterleidenschaft, die Theaternarrheit hatten ihn gepackt und er liess sich trotz erheblicher Einkommenseinbusse in Zürich für das Stadt- und das Pfauentheater engagieren. Dieser Drang zur Bühne mag verwundern, weil Gretler kein Adonis war und dazu noch sehr schüchtern. Die Sprache der Klassiker jedoch bewunderte er und bedauerte, dass er selbst über keine schriftstellerischen

Talente verfügte. So war die Wiedergabe des Dichterwortes für ihn das Medium, sein Mitteilungsbedürfnis zu befriedigen und sich so den Zugang zu den Menschen zu ebnen. Seine angeborene Scheu wurde jetzt weitgehend durch die Rolle, die Maske, gedämpft.

Ein Senkrechtstarter war Heinrich Gretler beim Theater aber nicht. Im Herbst 1918 gab er mit knapp 21 Jahren sein Debüt als Greis (!) in Hölderlins deutscher Übersetzung der «Antigone». Für längere Zeit hatte er sich danach mit wenig dankbaren Statistenrollen zu begnügen. An der Seite von arrivierten, ja berühmten Künstlern, wie zum Beispiel dem legendären Alexander Moissi, war es für einen Debütanten kaum möglich, richtig aufzufallen.

Der erste grosse Erfolg stellte sich für Gretler dann aber doch mit 24 Jahren ein – und zwar in einer Operettenrolle. Als Lindoberer in «Der fidele Bauer» von Leo Fall wuchs er in mehr als 100 Vorstellungen zum Publikumsliebling heran. Dieser Erfolg hatte auch gesellschaftliche Folgen. Im Hause von General Ulrich Wille durfte Gretler zur Gestaltung von Soirées beitragen. Das fröhliche Gedicht über die jodelnden Schildwachen rezitierte er oft auf des Hausherrn gebieterisches Kommando: «Gretler, die Schildwachen!»

Operettenapplaus und die Befriedigung privater Belustigungswünsche genügten dem jungen Schauspieler jedoch nicht. Als seine eigentliche Aufgabe sah er es, den Menschen die Worte grosser Dichter zu vermitteln. Darum machte er sich im Herbst 1926 auf nach Berlin ins damalige Mekka der deutschsprachigen Theaterwelt. Dort empfing ihn jedoch ein rauher Wind. Man kannte in der Metropole seinen Namen überhaupt nicht und ebensowenig brauchte man ihn. So erbärmlich wie die Rollen waren auch die Gagen. In einem stummen und in zehn Tonfilmen spielte er kleine Episoden. Auch sein Berliner Theaterdebut war harzig – im Schatten von Jannings, Lorre und Krauss war kaum ein Durchbruch möglich.

Private Kontakte zu Bert Brecht und Carl Zuckmayer (mit letzterem verband dann Gretler eine lebenslange Freundschaft) entschädigten den Auslandschweizer für Misser-

Heinrich Gretler als «Papst Albert IV.» im Bühnenstück von Joao Bethencourt «Der Tag, an dem der Papst gekidnappt wurde» (1973 am Zürcher Schauspielhaus, vom Schweizer Fernsehen gesendet im April 1976).

folge, die auch immer mehr im politischen Bereich begründet waren. Blanke Wut ergriff den senkrechten Eidgenossen schliesslich, als bei jener Probe zum «Wilhelm Tell», die Hitler persönlich besuchte, bei Gretlers Worten zum Rütlischwur seine Kollegen ihre Arme nicht zum Schwur, sondern zum Hitlergruss erhoben. Der Theaterleiter hatte Verständnis für Heinrich Gretlers sofortige Kündigung...
Nach einer vierwöchigen Tournee mit Brecht nach Paris und London folgte ein Zwischenspiel am Zürcher Pfauentheater und schliesslich der grosse Erfolg als Dorfrichter Adam im «Zerbrochenen Krug».
Und dann kamen die Jahre im «Cabaret Cornichon» mit dem offenen Auftritt gegen den Nationalsozialismus und der festen Haltung gegen braune und rote «Fronten» auf dem Wege zu einer selbstbewussten schweizerischen Demokratie. Mit den Titelrollen in «Götz von Berlichingen», «Wilhelm Tell» und «Nathan der Weise» nahm Gretler klar erkennbaren, mahnenden Bezug zu den politischen Tendenzen in Deutschland.
Jetzt war Heinrich Gretler gewissermassen zum schauspielerischen Nationalheiligen «Heiri» geworden. Durch Dialektfilme wie «Füsilier Wipf», «Landammann Stauffacher» und «Marie-Louise» verstärkte sich dieser Nimbus noch. Er blieb jedoch sich selber gegenüber stets sehr kritisch. Gretler wusste, dass er jetzt das Glück hatte, zur richtigen Zeit auf das richtige Publikum zu treffen.
Ein Meilenstein in der Entwicklung des Künstlers war der subtile, prägnante, unvergessliche «Kultfilm» «Wachtmeister Studer» – «der beste Film, den ‹Heiri› je gemacht hat, in der Schweiz und anderswo». Die gewaltige Wirkung der Botschaften von der Bühne ins Publikum hatte nach dem Kriege logischerweise nicht mehr die gleiche Resonanz wie unter der aktuellen nationalsozialistischen Bedrohung. Es wurde stiller um den Doyen der «grossen Worte».
Der «Nebelspalter» enthüllte dann aber plötzlich auch einen aggressiven Gretler: In einer Karikatur zeichnete die satirische Zeitschrift den Mimen, wie er zusammen mit seinem Kollegen Robert Freitag einem allzu kritischen Kritiker «abpasste», um ihn gemeinsam zu verprügeln.

Heinrich Gretler (rechts) und Maria Becker (links) präsentierten in den beiden Sprechrollen die szenische Erstaufführung von Claudel/Honeggers «Jeanne d'Arc au bucher» unter der musikalischen Leitung von Paul Sacher im Jahre 1942.

Ab 1965 nahm Gretler noch gelegentlich Rollen am Schauspielhaus an und lebte zurückgezogen mit seiner Frau Marion. Am 28. September 1977 sah sich der Achtzigjährige am Fernsehen die TV-Bearbeitung von Osborns «Der Tod im Apfelbaum» an – ein subtiles Stück, in dem Gretler den Grossvater spielte. «Ich war eigentlich gar nicht so schlecht», meinte nachher der schwerkranke Wortkarge lakonisch. Es war der letzte Satz in seinem Leben. Aus dem

In einer Zeit, als es auch auf der Bühne und im Film auf eine mutige schweizerische Haltung besonders ankam, spielte Gretler in der Saison 1938/39 einen ergreifenden Tell als Symbolfigur der bedrohten Freiheit unseres Vaterlandes.

Unvergessen bleibt Heinrich Gretler dem Schweizer Kinopublikum als Wachtmeister Studer – einem von insgesamt 75 Filmen, in denen der populäre Künstler mitwirkte.

anschliessenden Schlaf erwachte er nicht mehr. Heinrich Gretler starb am 30. September in dem Moment, als seine Frau an der Wohnungstür einen Gratulationsstrauss des Zürcher Stadtpräsidenten zum 80. Geburtstag entgegennahm. Auch die Übergabe einer Auszeichnung für kulturelle Verdienste wäre am 1. Oktober vorgesehen gewesen... 1200 Menschen nahmen am 5. Oktober 1977 an der Abdankung in der Fraumünsterkirche Abschied von einem gerade in seiner bescheidenen, selbstkritischen Art grossen Schweizer.

Heinrich Gretler kannte alle Prominenzen seiner Epoche – und alle kannten, schätzten und liebten ihn: Die Komponisten Richard Strauss und Eugène d'Albert, die Dirigenten Wilhelm Furtwängler und Bruno Walter, seine Schauspielerkollegen Hans Albers und Fernandel, die Musiker Walter Gieseking und Fritz Busch...
Er spielte mit Heinrich George, Therese Giese, Lisa della Casa und Ellen Widmann, mit Emil Hegetschweiler, Heinz Rühmann, Liselotte Pulver und O.W. Fischer. Gretler flog auch mit Walter Mittelholzer, war der Ur-Alp-Öhi in einem heute noch alle späteren Varianten überragenden «Heidi»-Film und demonstrierte im «Götz von Berlichingen» und im von General Guisan persönlich «protegierten» Anti-Nazi-Drama «Der Mond ging unter» gegen die drohende faschistische Diktatur.
Bei der Premiere von Schillers «Wilhelm Tell» in der politisch besonders «heissen» Saison 1938/39 erhoben sich die Zuschauer bei der Rütlischwurszene, hörten schweigend zu und sangen dann die Nationalhymne.
Heinrich Gretler war also dank seiner Talente und seiner unverwechselbaren Originalität in schwerer Zeit auch eine wichtige eidgenössische «Integrationsfigur».

Otto Ineichen –
ein sachlicher Provokateur

Es ist kaum denkbar, dass jemand in der Schweiz leben könnte, ohne früher oder später dem Namen Otto Ineichens zu begegnen …

Der Mann setzt sich so nachhaltig in Szene, dass ihn Neider und Gegner oft leichtfertig als profilierungssüchtig bezeichnen. Er kann damit leben, denn er weiss genau, warum er was tut.

Geboren wurde Otto Ineichen am 8. Juni 1941 in einer wohlhabenden Metzgerfamilie in Sursee. Schon in jungen Jahren hat er im elterlichen Betrieb gelernt, was harte Arbeit ist. Und fast könnte man sagen, er habe seine erste Firma schon als Schüler gegründet. Sein Taschengeld besserte er nämlich auf, indem er Kaninchen züchtete und sie seinen Mitschülern verkaufte.

Nach der Handelsmatur und dem Besuch des Kollegiums Saint-Michel in Fribourg erwarb sich der junge Kaufmann an der Handelshochschule St. Gallen den Titel eines lic. oec. HSG. Danach trieb es ihn nicht wie die meisten anderen Studenten ins Bankfach – unser Original stieg zusammen mit seinem Bruder in die Fleischwarenbranche ein. Das Unternehmen endete jedoch in einem absoluten Fiasko. Die Firma musste 1976 zum Nulltarif verkauft werden. Die private Schuldenlast hätte sehr wohl zur Verzweiflung führen können, würde nicht sein Mut und ein starker Wille die Person des Otto Ineichen auszeichnen.

Quellen der Lebenskraft waren in jener Zeit einzig seine Frau und die Kinder sowie der Glaube an Gott. In stiller Abgeschiedenheit im Zisterzienserkloster Hauterive gewann er Kraft und Zuversicht für den weiteren Lebensweg.

Nach dieser heilsamen Klausur übernahm Otto Ineichen Sanierungsmandate, bis sich ein klarer Kurs für sein künftiges unternehmerisches Tätigkeitsfeld abzeichnete.

Früh übt sich, wer am Chefpult sitzen will...

Im August 1978 führte im Tessin eine Naturkatastrophe zur Überschwemmung vieler Fabriken und Läden, sodass beschädigte Waren aller Art abgestossen werden mussten. Ineichen mietete in Luzern leerstehende Geschäftsräume und verkaufte die beeinträchtigten Güter unter dem Namen «Otto's Schadenposten». Innerhalb von drei Jahren konnte das Unternehmen zwölf Filialen eröffnen!

Hat einer erst einmal seinen «Stempel», dann wird er ihn so schnell kaum wieder los. Das blieb auch Otto Ineichen nicht erspart. Heute noch wird er in gewissen Kreisen als «Ramschtrödler» interpretiert und als «Schaden-Otto» bezeichnet. Dabei wurde auf Anregung von Frau Ineichen der Name der Firma schon 1985 in «Otto's Warenposten» geändert. Damit verbunden war eine Neuausrichtung des Unternehmens auf Restposten und Überproduktionen. Viele Fabrikations- und Handelsbetriebe wenden sich heute gerne an «Otto», wenn sie aus irgendwelchen Gründen zu hohe Warenbestände am Halse haben.

Ineichen erbringt also eine Dienstleistung in doppelter Hinsicht: Für manchen Betrieb löst er akute Probleme und der Konsument erhält preisgünstig einwandfreie Ware. Heute geht es dem initiativen Unternehmer wieder sehr gut. Den-

noch sind die Erfahrungen Mitte der Siebzigerjahre für ihn mehr als nur Geschichte. Die damaligen Existenzschwierigkeiten haben ihn nachhaltig geprägt und sein eigener Erfolg täuscht ihn nicht darüber hinweg, dass seine Probleme von damals für andere auch heute noch bestehen und sich zum Teil sogar drastisch verschärft haben. So kämpft er denn mit grossem physischem und materiellem Einsatz gegen Missstände und Auswüchse verschiedenster Art. Er setzt sich ein für eine handlungsfähige Schweiz als attraktiver Arbeitsplatz und vor allem für bessere Rahmenbedingungen für die kleinen und mittleren Unternehmen, die sogenannten KMU.
Ineichens gesellschaftspolitisches Engagement bestreitet er mit starker Präsenz im Fernsehen, in Podiumsgesprächen, Referaten, Pressebeiträgen, mit ganzseitigen Inseraten und eigenen Aufklärungsschriften. Seine Kritiker verleitet dies oft zur Behauptung, er treibe den Aufwand allein als Werbung für sein eigenes Unternehmen. Weil Otto Ineichen Alleinaktionär und unbestritten die Identifikationsfigur von «Otto's Warenposten AG» ist, bringt er mit seinen Aktivitäten tatsächlich auch die Firma immer wieder ins Gespräch.
Mit seinem bewusst provokativen Stil nimmt er jedoch auch Anfeindungen und geschäftliche Nachteile in Kauf: Den

Eine Aufnahme mit Symbolcharakter: Otto Ineichen auf dem Weg nach oben. Beim traditionellen Oldtimer-Bergrennen am Klausenpass fährt er seinen Alvis Special 12/70 mit Baujahr 1939 – also zwei Jahre älter als der Fahrer.

bürgerlichen Zeitgenossen sind seine Vorstellungen zu sozial, was gerade einem Repräsentanten aus den eigenen Reihen nicht so leicht verziehen wird. Seitens der Linken sieht man in ihm hingegen einen Abbauer sozialer Errungenschaften.

Otto Ineichen selber glaubt weder an Parteimeinungen, noch an die «segensreiche» Wirkung von politischen Kontroversen, die jedes Lager, so meint er, nur im Hinblick auf den eigenen Vorteil führe. Er bringt den Mut auf, «die Sache beim Namen zu nennen» und mit seinen nicht immer mehrheitsfähigen Visionen auf allen Seiten anzuecken. Seine Sprache ist direkt, klar, deutlich und manchmal sogar schonungslos. Die nachfolgenden Zitate aus Otto Ineichens Broschüre «Ich provoziere bewusst» belegen diesen besonderen Stil: «Wir haben noch nicht begriffen, dass die verkalkte Scheuklappengeneration von Politikern und Beamten längst durch weitsichtige, global denkende, unbefangene Wirtschaftsleute hätte ersetzt werden müssen.»

Otto Ineichen schätzt sein Personal nicht nur als Arbeitskräfte. Hier sehen wir den «wilden Wirbelwind» mit zwei Mitarbeitern als sportliches Team am Engadiner Skimarathon.

«Ich muss resigniert feststellen, dass die überwiegende Mehrheit der classe politique nur an Macht, Einfluss und Ämterverteilung interessiert ist.» … «Diese Situation ist ein weiterer Beweis für die Unfähigkeit, ja destruktive Dummheit und Unkenntnis der Materie – oder gar ein gewollter Schutz bestehender Pfründe ? – von Beamten und Politikern.»
An anderer Stelle äussert sich Ineichen sehr kritisch zur einseitigen Pflege des Shareholder-Value. Dabei stellt er die Interessen der Kapitalgeber nicht grundsätzlich in Frage, fordert jedoch vernünftige Relationen im Vergleich mit anderen Anspruchsgruppen eines Betriebes. Im Handumdrehen verlangt der streitbare Kritiker (in seiner Schrift «Eine bessere Schweiz ist machbar») aber auch von den Arbeitnehmern Einschränkungen in einem erfüllbaren Rahmen. Denn wenn «Otto» merkt, dass für die Gewinnmaximierung Arbeitsplätze geopfert werden sollen, sieht er den inneren Frieden unseres Landes bald einmal gefährdet.

Otto als flotter «alter Herr» – kein «Bettelstudent», sondern eher ein «Rosenkavalier».

So risikoträchtige, weitgehend unpopuläre Aussagen können kaum von einem Firmenchef stammen, der ausschliesslich Werbung für sein Unternehmen machen will. Da steckt ohne Zweifel auch echte Besorgnis über die gesamtwirtschaftliche Lage hinter seinen Voten. Mit seiner provokativ-populistischen Ausdrucksweise bezweckt Ineichen keinesfalls die persönliche Verletzung der angesprochenen Personen oder Gruppen. Ihm geht es darum, die Probleme drastisch in prägnanter, allgemeinverständlicher Weise bewusst zu machen.

Die gleiche Offenheit gehört auch zur erklärten Unternehmenskultur in seiner Firma und bezieht sich auf seine Mitarbeiter genau so wie auf ihn selbst. Dass er für sachliche Ziele auch über den eigenen Schatten zu springen weiss, hat er schon hinlänglich bewiesen. So hat er zum Beispiel einsichtig seinen ursprünglich autoritären Führungsstil als falsch erkannt. Er freut sich darüber, dass die heutigen eher teamorientierten Entscheide sich für die Firma als zweckdienlicher erwiesen haben. Otto Ineichen rechnet nicht nur den anderen vor, was zu tun wäre. Er geht mit dem praktischen Beispiel voran und lässt sich seine Ideen auch etwas kosten. So präsidiert er zum Exempel mit grossem Elan die «Stiftung Arbeitsplatz Schweiz» als

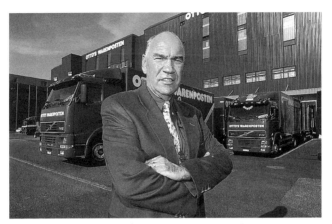

Der Unternehmer vor dem Hauptquartier seines «Imperiums», dem Zentrallager und Verwaltungsgebäude von Otto's Warenposten AG in Sursee.

Anlaufstelle für Firmen, die durch ungünstige Rahmenbedingungen kurzfristig in Schwierigkeiten geraten sind. Diese von ihm gegründete und anfänglich auch ausschliesslich von Ineichen finanzierte Institution vermittelt unternehmerisches Know-how und hat dank ihren Dienstleistungen schon in kurzer Zeit hunderte von Arbeitsplätzen gesichert.

Der clevere Manager propagiert auch eine Art «Jungunternehmerbank», die im Interesse einer ausgeglichenen volkswirtschaftlichen Entwicklung Wagniskapitalien zur Verfügung stellt.

Ineichen bedauert, dass sich die Hauptbanken heute leider vorwiegend darauf konzentrieren, den Multis und Grossunternehmen – und damit sich selber und den Anlegern – massiv die Gewinne zu optimieren. Als die Verlierer dieses Prozederes ortet er dabei die Mehrzahl der KMU und damit auch den Arbeitsplatz Schweiz ganz generell.

Seines Kampfes ist der originelle Querdenker noch keineswegs müde – aber etwas mehr Unterstützung wäre ihm dann und wann schon lieb...

Zürcher-Uli –
Wunderdoktor für Mensch und Tier

An abgelegenen Orten liess sich früher selten ein studierter Medikus nieder. Unsere Landbevölkerung war für die heilende Versorgung weitgehend auf Selbsthilfe angewiesen. So ist es zu verstehen, dass Geschichten über sogenannte «Wunderdoktoren» hauptsächlich aus ländlichen Gegenden überliefert sind.
In Wasen im Emmental wurde am 16. Juli 1801 Ulrich Zürcher geboren – als drittältester Sohn von letztlich acht Kindern einer Familie, die auf einem kleinen Bauerngüetli und mit Leinenweberei eher schlecht als recht leben konnte. Uli war daher schon als Kind zur Mithilfe aufgerufen und besuchte kaum Schulen. In Lesen und Schreiben hat er sich dann in späteren Jahren selbst Kenntnisse angeeignet.
1827 heiratete er die um zwei Jahre jüngere Marie Ryser, die als «räss» galt, ihm aber sehr zugetan war. Mehr als das! Sie war sogar die ideale Ergänzung für ihn, der wegen seiner grenzenlosen Gutmütigkeit öfters vor dem völligen Ruin stand.
Im Viehhandel und auch als Viehinspektor hatte der Zürcher-Uli viel über Tiere gelernt. Bei der täglichen Arbeit machte er anatomische Studien an Kadavern und fand keine Ruhe, bis er dem jeweiligen Übel auf den Grund gekommen war. Dank seiner Beharrlichkeit verschaffte er sich so ein genaues Bild von tierischen Organen und deren Krankheiten.
Von den Stalltieren soll ja das Schwein die grössten Ähnlichkeiten mit dem Organismus des Menschen aufweisen. Da also offenbar der Homo sapiens in bestimmten Details mit dem Borstenvieh vergleichbar ist, ergab sich für den Autodidakten aus dem Studium des einen manch brauchbare Parallele zum andern.
Ein alter Mann im Dorf machte dem Zürcher-Uli seine Bibliothek zugänglich. So konnte er auch in medizinischen

Zürcher-Uli,
der Wasendoktor.

In der Stegmatt am Eingang des Hornbachtales bei Wasen im Emmental kam er zur Welt. Man nannte den «Wunderheiler» Zürcher-Uli deshalb auch den Wasendoktor.

Schriften lesen. Das war besonders nützlich, nachdem der Viehdoktor Ulrich Sommer altershalber seine Praxis aufgegeben hatte. Auch der unpatentierte Dorfarzt, eher ein «Bader», nahm keine neuen Patienten mehr an. Für ein Mittel verlangte er bis zu fünf Franken, während sich Uli mit einem Batzen begnügte. In seiner Not wandte sich das Volk nun für Mensch und Tier mehr und mehr an den Zürcher-Uli.
Ein forscher Typ war er mitnichten, unser Emmentaler Original, eher ein Forschertyp. Sehr wahrscheinlich wäre er eine «führende Autorität» geworden, wenn er sich ein ordentliches Studium hätte leisten können. Mit seinen einfa-

So sah es im «Doktorzimmer» des Zürcher-Uli aus: Während der «Chef» am Fenster ein Gütterli mit Urin «beschaut», warten Stadtleute und Bauern geduldig, bis sie an der Reihe sind.

chen, aus Wurzeln und Kräutern gewonnenen Mitteln heilte der Zürcher-Uli Tausende von Mitmenschen. Manchmal kamen bis zu hundert Patienten am Tag zu ihm – auch aus Bern, Basel, ja sogar aus Genf.

Kurios war Ulis Honorarsystem: Den Reichen stellte er frei, wie viel sie geben wollten, während er bei den Armen abwinkte, wenn sie nach den Kosten fragten. «Es kostet nichts, wenn Du nur zufrieden bist. Du hast ja die Schmerzen gehabt, nicht ich...»

Trotz dieses freizügigen Rechnungswesens musste Uli nicht darben, weil ihm immer wieder dankbare «Kunden» grosszügige Geschenke in Geld oder Naturalien brachten. Seine Neider munkelten in jenen abergläubischen Zeiten, dass der Uli mit den Geistern im Bunde stehe. Der Naturheiler hatte Spass an diesen Unterstellungen und liess bei feierlichen Anlässen einen alten Geisskopf aus dem Gadenloch herunterblicken, während sein Knecht den Auftrag hatte, dazu für das nötige Gepolter zu sorgen.

Das «Doktorhaus» des Zürcher-Uli in Wasen – ein behäbiges Emmentaler Hofgut, zu dem Kranke aus Nah und Fern per pedes, mit der Kutsche oder auch mit dem Fuhrwerk strömen.

Dem Zürcher-Uli wurde auch nachgesagt, dass er Hellsehen könne. Als man ihn einst zur Aufspürung von Wasseradern ins Luzernbiet holte, betrachtete er versonnen die Gegend und sagte zu seinen Begleitern: «Hier entlang wird einmal eine Bahn gebaut – aber man wird sie nicht fertigstellen ...»
Tatsächlich kam dann – etwa zwanzig Jahre nach Ulis Tod – die Konstruktion der Bahnlinie Langenthal-Wauwil ins Stocken. Die Bauarbeiten wurden abgebrochen und nie wieder aufgenommen.
Dass der Zürcher-Uli, der alle mit «Du» ansprach, allmählich wohlhabend geworden war, sah man ihm nicht an. Von Gestalt war er klein und rundlich, mit kurzen, dicken Beinen. Sein Gesicht, so versicherten seine Zeitgenossen, sei dem Konterfei von Papst Pius IX. ähnlich gewesen.
Ulis ganze Garderobe bestand aus einem Paar Hosen (sie waren von den vielen darauf abgestrichenen Salben schon fast ledern geworden), aus zwei Röcken, einem Paar Strümpfen, zwei Hemden und einer Zottelmütze. Seine Kleider flickte er selbst und die Hosenträger verlängerte er mit Schnüren. Als der Zürcher-Uli am 19. Juni 1876 starb, wurden ihm auch seine Kleider mit ins Grab gelegt.

Niklaus Riggenbach –
die Bahn lernt klettern

Auch eine Beleidigung kann zuweilen Strebsamkeit und Erfolg auslösen. Sein Erzieher sagte ihm unverblümt, er sei zu dumm für sein Tuchgeschäft – und diese frühe Disqualifikation verfolgte Niklaus Riggenbach sein Leben lang ...
Am 21. Mai 1817 in Guebwiller im Elsass geboren, wurde er im Alter von zehn Jahren in seiner Heimatstadt Basel aufs Gymnasium geschickt. «Zu dumm für den Tuchhandel» trat er danach eine Lehre in einer Seidenbandfabrik an. Dabei entdeckte er seine Leidenschaft für Maschinen und musste sich mit dem Unwillen der Mutter abfinden, die für eine Ausbildung in dieser Richtung keinen Batzen Lehrgeld beitrug.
Über Lyon kam Riggenbach dann 1839 nach Paris, wo er seine erste Eisenbahn sah. Dieses Schlüsselerlebnis beeindruckte ihn so tief, dass er sich entschloss, Lokomotivbauer zu werden.
Fortuna meinte es gut mit dem jungen Auslandschweizer: Der Direktor der Kesslerschen Maschinenfabrik in Karlsruhe suchte damals in Paris tüchtige französische Mechaniker für seine Firma. Zusammen mit zwei «Auserwählten» reiste auch Riggenbach in der Nebenfunktion als Dolmetscher in die badische Hauptstadt und fertigte dort wichtige Präzisionsteile für die erste in Deutschland gebaute Lokomotive an.
1847 führte er eine von ihm mitkonstruierte Karlsruher Lokomotive bei einer Probefahrt der «Spanischbrötlibahn» mit dem ersten Eisenbahnzug der Schweiz von Zürich nach Schlieren.
Für die Basler Chemiefirma Geigy baute Riggenbach dann eine Dampfheizung für die Fabrikfiliale in Steinen im Wiesental. Für den Grossherzog Leopold von Baden versuchte der konservativ denkende Ingenieur revolutionierende

Niklaus Riggenbach war Basler, Aarauer und Oltner Bürger. Als Promotor der Bergbahnen mit Zahnrad- und Drahtseilbetrieb schrieb er Verkehrsgeschichte.

Arbeiter mit einer schweizerisch-demokratischen Rede zu besänftigen. Nach seiner Heirat mit einer Braut aus dem Hause Socin trat er 1853 als Chef der Basler Maschinenateliers in die Dienste der Schweizerischen Centralbahn ein – einer Institution, an die heute noch der Name des Basler Centralbahnplatzes und die Kilometer-O-Tafel auf dem Perron 12 des Oltener Bahnhofs erinnern.

Unter Riggenbachs Leitung und nach seinen Konstruktionsplänen wurden in der Hauptwerkstätte der Centralbahn in

Die Schnurtobelbrücke in den Pionierjahren – nicht ganz realistisch, sondern etwas allzu verwegen ohne die seitlichen Schutzgeländer – eine romantisch-wilde Darstellung aus viktorianischen Zeiten.

Olten insgesamt 53 Lokomotiven fertiggestellt. Auch die Eisenbahn-Aarebrücken in Olten und Busswil waren sein Werk. Schliesslich hatte der fleissige, ideenreiche Techniker spezielle eiserne Lafetten für die Armeegeschütze erfunden. Sein Name wurde jedoch mit keiner Silbe erwähnt. «So geht es eben bei uns in der Republik», meinte Riggenbach resignierend, «wir müssen stets unsere Pflicht tun, ohne irgendeine Belohnung dafür zu erwarten.»

Von Österreich hingegen bekam er einen Blankovertrag, nur mit einer Unterschrift aber ohne Inhalt, für den Bau der Südbahn. Der verantwortliche Leiter forderte Riggenbach auf: «Schreiben Sie nur hin, was Sie wollen – ich bin zum Voraus mit allem einverstanden!»

Unser bescheidenes Schweizer Original blieb jedoch seinem Posten als Oltner Werkstättenleiter treu. Bereits 1863 erhielt er in Frankreich ein Patent auf seine Hauptentwicklung, auf

Die Lok 7 mit dem Nostalgiewagen B2 steht heute noch als rollendes Denkmal für den Zahnradbahn-Konstrukteur Niklaus Riggenbach im Einsatz auf der Vitznau-Rigi-Strecke.

die Zahnradbahn. «In der Schweiz wollte niemand etwas von der Sache wissen und auch meine deutschen Freunde schüttelten den Kopf und meinten, der gute Riggenbach sei ein Narr geworden.» Auf einer Amerikareise traf er dann den in unserer Buchserie bereits vorgestellten «Kaiser von Kalifornien», General Johann August Sutter: «Er versuchte in Washington für seine enteigneten Ländereien eine Entschädigung zu erlangen. Suter sprach noch so gut Schwizerdütsch und trat sehr bescheiden und einfach auf – den Yankees gegenüber vielleicht zu bescheiden!»

Der schweizerische Gesandte in den Vereinigten Staaten, John Hitz, ermunterte nun zum Bergbahnprojekt: «Well, Mister Riggenbach, Sie bauen eine Eisenbahn auf die Rigi!» 1871 war es dann soweit: Zukunftsfreudige Investoren – Adolf Näff von St. Gallen, Olivier Zschokke aus Aarau und eine Gruppe Schweizer Bankiers – ermöglichten, dass Niklaus Riggenbach am 21. Mai 1871, assistiert vom «Bundesrat in corpore» das in ganz Europa grosses Aufsehen er-

Ein Mann und sein Werk: Die touristische Erschliessung der Bergwelt ist untrennbar mit dem Namen Niklaus Riggenbach verbunden.

regende «Jahrhundertwerk» in seiner ersten Teilstrecke von Vitznau bis Rigi-Staffelhöhe feierlich eröffnen konnte.
1873 wurde die «Internationale Gesellschaft für Bergbahnen» gegründet. Riggenbach musste seine Stellung in Olten aufgeben. Als Direktor der neuen Firma in Aarau – und später nach deren Bankrott wieder in Olten als selbstständiger

«Zivilingenieur» in einem alten Stall – konstruierte der Pionier insgesamt 25 Bergbahnen in aller Welt.

Im Juli 1877 traf Riggenbach in Basel den brasilianischen Kaiser Dom Pedro II. und fuhr mit dem unternehmungsfreudigen Monarchen auf der Lokomotive hinauf zur Rigi. Aus dieser Begegnung entstand dann Riggenbachs zweites Hauptwerk, die Corcovado-Bahn in Rio de Janeiro. Reisen nach Spanien, Indien und Algerien führten zur Realisation weiterer Zahnradbahnprojekte. Auch in Olten war der doppelte Ehrenbürger (von Aarau und Olten) unentwegt aktiv – als evangelisches Kirchenratsmitglied, beim Bau von Arbeiterwohnungen, in der Musikalisch-Theatralischen Gesellschaft, bei der Gründung von «Anti-Schnaps-Vereinen» usw. Seine «Erinnerungen eines alten Mechanikers» schliessen mit dem Satz: «Im übrigen erwarte ich stündlich den Ruf des Herrn. Er wird es wohl machen ...»

Im Alter von 82 Jahren starb der grosse, vielseitige Schweizer am 25. Juli 1899.

Die Baronin von Saint-Léger –
Abenteuerin auf der Insel

Antonietta Beyer kommt am 20. Juni 1856 in Petersburg zur Welt. Man munkelt, sie sei die Frucht einer heimlichen Liebe des Zaren Alexander II. zu einer jüdischen Tänzerin.
In dritter Ehe heiratet die damals 29-jährige Schönheit – sie beherrscht sechs Sprachen und führt ständig ebenso kostspielige wie unsinnige Prozesse – den Vicount of Doneraile, Richard Flemyng Saint-Léger.
1886 wird die Baronin von Saint-Léger für insgesamt 25 000 Franken Besitzerin der beiden Brissago-Inseln im Lago Maggiore. Antonietta lässt ein romantisches Schloss bauen und legt einen zauberhaften Park mit exotischen Gewächsen an. Botaniker von Rang, so etwa der Basler Hermann Christ-Socin, ereifern sich über die fantastische Sammlung seltener Pflanzen, die alle sorgsam mit gelben lateinischen Namensschildchen bezeichnet sind. Für die Botanik investieren die Saint-Légiers naturfreudig den Erlös von 60 irischen Liegenschaften – aber Antonietta hat auch verrückte Ideen: Nachdem sie das restliche Riesenvermögen ihres «über beide Ohren in sie verliebten Gatten» für die Pflästerung der Stadt Belgrad und für rumänische Ölfelder und Eisenbahnen verjuxt hat, trennt sie sich 1897 vom «ausgepowerten» Richard. Mit dem albanischen Aristokraten Perikles Zsikos sucht die 44-Jährige 1900 neues Glück.
Von 1921 bis 1928 verfügt die extravagante Lady über ein eigenes Postamt auf der grösseren der beiden Inseln mit dem Stempel «Isola Saint-Léger». Ihren Besitz verteidigt die im Alter verbitterte und immer wunderlichere Edelfrau mit bissigen Hunden, einem Vetterligewehr und einem Colt-Revolver. Ständig trägt die Schlossherrin Stösse von Prozessakten mit sich herum – «sie lässt sie nicht einmal dann los, wenn sie nur von einem Sessel zum andern wechselt».

Antonietta, Baronin von Saint-Léger, wurde 1886 als 30-jährige Schönheit vom italienischen Maler Daniele Ranzoni porträtiert.

Im Frühjahr 1928 wird die streitbare Dame – «sie schrumpfelte immer mehr unter einem halben Dutzend wollener Halstücher ...» – nach einem spektakulären Konkurs gewaltsam aus ihrem Reich vertrieben.
Nachdem sie auch Andenken an Cosima Wagner und eine Bluse der rumänischen Königin Elisabeth verscherbeln musste, bettelt die mittellos gewordene Greisin im November 1940 um ein paar Franken für Zigaretten. Im Spital «San Donato» in Intragna stirbt die Baronin am 24. Januar 1948 im hohen Alter von 92 Jahren. 1972 werden ihre sterblichen Reste von Intragna auf die Isola Grande überführt.

Catharina Sturzenegger –
ein Leben für den Frieden

Als Appenzeller Armeleutekind kam sie zwei Monate zu früh zur Welt – «erst geboren, nachdem die Betten von meinen anderen Geschwistern schon voll waren».
Catharina Sturzenegger mit Geburtsjahr 1854, dem Todesjahr von Jeremias Gotthelf, musste schon als Sechsjährige «von morgens fünf Uhr bis abends neun Uhr, unter Abzug dreier Schulstunden in der Fabrik arbeiten».
1872 bestand sie trotz einem «dünnen Schulsack» die strenge Aufnahmeprüfung ins Berner Lehrerinnenseminar. Josef Viktor Widmann gab ihr Deutschunterricht und ermunterte die junge Pädagogin zu schriftstellerischen Arbeiten.
Nach einem Unfall (Knieoperation) musste Catharina den Schuldienst verlassen. Als Posthalterin in Wolfhalden schrieb sie eine kurzgefasste Schweizergeschichte und verdiente sich ihren Lebensunterhalt auch als Journalistin. Catharina Sturzenegger war auch eine der ersten Pressefotografinnen der Schweiz, sie spielte Zither und brillierte zum Staunen der Männerwelt als treffsichere Schützin. Am Postschalter lernte sie den menschenscheuen Henry Dunant kennen. Mit ihm diskutierte sie über Möglichkeiten der Friedensförderung. Bertha von Suttner, die mit ihrem Buch «Die Waffen nieder!» weltweite Aufmerksamkeit gewonnen hatte, lobte die Appenzellerin für ihren publizistischen Einsatz für «Die Friedensliga».
Als im Februar 1904 der russisch-japanische Krieg ausbrach, reiste sie mit drei Empfehlungsschreiben Dunants nach Japan. Während der langen Seereise lernte sie Englisch. In Tokyo publizierte Catharina namens des japanischen Roten Kreuzes eine Schrift über die Kriegsopfer und wurde für ihre Verdienste mit einem Orden ausgezeichnet. Bei 25 Grad Kälte bestieg die Schweizer Menschenfreundin

Die originelle und mutige Appenzellerin Catharina Sturzenegger widmete ihr ganzes Leben der Menschlichkeit und dem Frieden.

Ihr Freund Henry Dunant als persönliches Vorbild und die grosse Pazifistin Bertha von Suttner als politische Animatorin wurden wegleitend für die Ziele der Journalistin Catharina Sturzenegger.

1908 als erste Frau den Fujiyama und versäumte trotz aller Strapazen nicht, auf dem Rückweg noch das Aussätzigendorf Koyama zu besuchen.

Vier Jahre lang wirkte sie in Japan – mit 30 Kisten voller Souvenirs und der Katze Musian kehrte sie heim und berichtete als «Jüngerin Dunants» ihrem greisen Mentor von den Erfolgen der japanischen Rotkreuz-«Filiale».

Nach Henry Dunants Tod propagierte Catharina Sturzenegger die Ideen des Gründers auch während des Balkankrieges von 1912 bis 1915 in Serbien.

Für die «Neue Zürcher Zeitung» amtierte sie als Frontkorrespondentin und veröffentlichte ein Buch mit 100 eigenen Fotografien über ihre Erlebnisse. In dieser Publikation analysierte sie die endlosen Auseinandersetzungen der Balkanvölker und zeigte dabei für die Geschichte Serbiens besonderes Verständnis.

Zum 50-jährigen Bestehen des Roten Kreuzes erschien dann aus ihrer Feder die erste Dunant-Biografie.

Nach schwerer Krankheit versuchte es die 66-jährige Journalistin mit der Herausgabe einer eigenen Zeitung: «Aus Heimat und Fremde» vermittelte Erlebnisse und Bilder aus dem nahen und fernen Osten mit eigenen Zeichnungen und Fotografien der Redaktorin, die sich im Impressum ausdrücklich als «Fräulein» bezeichnete. Nach 18 Monaten jedoch ging die Publikation ein.

Mit Beiträgen für Schweizer Zeitungen fristete die Pionierin ihren Lebensunterhalt, bis ein (zweiter) Schlaganfall sie ins Spital zwang. Ihre letzten Lebenswochen verbrachte sie im Zürcher Theodosianum, wo sie am 11. Oktober 1929 im Alter von 75 Jahren starb.

Beerdigt wurde Catharina Sturzenegger – wie ihr Freund und Vorbild Henry Dunant – auf dem Sihlfeld-Friedhof. Um die geschätzte Vorkämpferin für Serbiens Recht ein letztes Mal zu ehren, übernahm das jugoslawische Konsulat die Begräbniskosten.

Die «Neue Zürcher Zeitung» widmete der grossen Helferin und talentierten Autorin einen ehrenvollen Nachruf: «In den Herzen Hunderter von Kriegsteilnehmern – Japaner, Russen, Serben, Bulgaren und Österreicher – die sie als Verwundete oder Infektionskranke aufopfernd pflegte und die ihr rührende Dankesbriefe noch in den letzten Jahren schrieben, lebt das Andenken an die kleine tapfere Frau fort, die unerschrocken in den Strassen Belgrads im heftigsten Bombardement wandelte oder als erstes weibliches Wesen den heiligen Berg Japans bestieg. Alle, die sie kannten und liebten, beweinen den Verlust eines edlen, treuen Lebens; mit ihr verliert aber auch das Schweizervolk eine mit dichterischen Gaben reich bedachte Schriftstellerin, die nicht nur mit dem Wort, sondern vor allem mit guten Taten den Namen ihres Vaterlandes, an dem sie mit allen Fasern ihres mildtätigen Herzens hing, in die Welt hinaustrug.»

Anna Waser –
Miniaturen für Monarchen

Anna Waser kommt 1678 im Hause «Zum grauen Mann» an der Zürcher Münstergasse zur Welt. Sie wird – durchaus unüblich für die damalige Zeit – auch in Latein, Französisch, Italienisch und Mathematik unterrichtet. Der Zeugherr Sulzer aus Winterthur gibt dem begabten Amtmannstöchterlein so guten Malunterricht, dass sie schon als 12-Jährige ihr Selbstbildnis gestalten kann. Beim Hofmaler von Ludwig XIV., Joseph Werner, bildet sie sich weiter aus. Anna erhält von europäischen Höfen Aufträge für Miniaturporträts. Zar Peter von Russland und Königin Anna von England gehören zu ihren Kunden.
Mit 21 wird Anna Waser gräfliche Hofmalerin in Braunfels an der Lahn. Als Dame von Welt kehrt sie mit Seidenwäsche und bestickten Pantöffelchen, mit französischem Parfum und in modischer Jagdkleidung ins puritanische Zürich zurück. Sie kümmert sich nun entsagungsvoll um ihre vier Geschwister und «überlässt» sogar ihren Bräutigam Hans Schlatter ihrer Nichte Esther.
In ihrem 1913 erstmals erschienenen biografischen Roman schildert ihre Nachfahrin, die Schriftstellerin Maria Waser, Anna als beispielhaft edle Heldin, die dem jungen Paar noch ihre liebevoll selbst genähte und mühsam erworbene eigene Aussteuer schenkt: «Ein Vorbild an Selbstlosigkeit, für heutige Frauen kaum mehr nachvollziehbar…»
Anna Waser verliert schliesslich die Lust am Malen, weil sie immer wieder die gleichen gefälligen Minikonterfeis für reiche Zürcher (möglichst billig…) produzieren muss.
Überglücklich über eine Einladung des berühmten Malers Antoine Watteau nach Paris will sie den «Schicksalsbrief» ihrem Bruder Rudolf zeigen, der gerade seine Vögel oben im Taubenschlag über der Scheune betreut.

Als Wunderkind der Malerei zeigt sich die 12-jährige Anna Waser voller Stolz in ihrem Selbstporträt von 1691.

Ungestüm klettert sie die steile Treppe hoch. Doch das morsche Geländer gibt nach. Anna stürzt in die Tiefe und bricht sich das Rückgrat. Völlig gelähmt, aber bei klarem Verstand, stirbt sie am 20. September 1714 im Alter von erst 36 Jahren.

Wehrhafte Schweizerinnen

Schon immer haben sich wackere «Stauffacherinnen» in der Geschichte unseres Landes für Freiheit und Unabhängigkeit gewehrt – in früheren, kriegerischeren Zeiten notfalls mit der Waffe. Als die Franzosen 1799 die Innerschweiz gewaltsam von ihren «menschenbeglückenden» revolutionären

Auch «die tapfere Grenchnerin» setzte ihr Leben für die Freiheit ein. Am 2. März 1798 kämpfte der Solothurner Landsturm sogar nach dem Abzug der regulären Truppen noch gegen die Eindringlinge: «Es waren mehrenteils Weiber und Mädchen, alle mit Sensen, Gabeln, Morgensternen, Spiessen, Hellebarden, Hauen und Knütteln bewaffnet stürmten sie daher, Kriegslust in den sonst so holdselig blauen Augen...»
Nach heldenhaftem Kampf gegen die überlegenen französischen Bataillone fiel auch Maria Schürer (an sie erinnert heute noch eine Grenchner Strasse) und Elisabeth Frei (sie ist durch ein Denkmal gewürdigt).

«Das kühne Bündnermädchen» – ein vaterländischer Stich aus dem 19. Jahrhundert – zeigt schreckerfüllte Franzosen, die aus dem Schweizerhaus gewiesen werden. Sogar der kleine Haushund zu Füssen seiner Herrin beisst zornig in den Dreispitz mit der Trikolore.

Eine Prättigauerin bekam im Schwabenkrieg ungebetenen Besuch von kaiserlichen Kriegsknechten. Als diese zudringlich wurden, ergriff die wackere Bündnerin eine Kelle, schöpfte damit im heissen Brei auf dem Herd und drohte, jeden damit zu verbrühen, der ihr in die Nähe komme.

Ideen überzeugen wollten, griffen die Nidwaldnerinnen «in heiligem Zorn» zu Heugabeln, Sensen und Dreschflegeln, um ihren Männern im Kampf um die alten, mühsam erworbenen Rechte beizustehen.

Je nach Situation benutzten die streitbaren Frauen auch häusliche Utensilien zur Abwehr unziemlicher Anträge der fremden Soldateska. In der Wahl der Verteidigungsmittel bewiesen unsere vielfachen Urgrossmütter so auch eine besondere schweizerische Originalität.

Quellen

Jean Tinguely – ein Museum für «schräge Kunst»
- «Jean Tinguely und Basel» von Andres Pardey, Freunden und Zeitgenossen, Privatdruck der Offizin Basler Zeitung, 1996
- «Briefe von Jean Tinguely an Maja Sacher», herausgegeben von Margrit Hahnloser, Benteli-Verlag, Bern, ca. 1992
- «Pandämonium» von Margrit Hahnloser, Benteli-Verlag, Bern, 1989
- «Das Magazin» Nr. 38/9l: «Der Riese im Wald» von Irene Meier
- «Jean Tinguely» «Künstler – Kritisches Lexikon der Gegenwartskunst», WB Verlag, München, 1993
- «Tinguely» – Katalog der Kunsthalle Basel zur Ausstellung Januar –Februar 1972
- «Roche-Magazin» Nr. 56, Oktober 1996: «Ein poetischer Streifzug durch das Museum Jean Tinguely und das phantastische Werk des weltberühmten Schweizer Eisenplastikers»
- «Jean Tinguely – Reliefs et Sculptures 1954–1965», Katalog der Galerie Bonnier, Genf, Mai–Juni 1975
- «Basler Zeitung» vom 2. September 1991: «Zum Tod von Jean Tinguely: Beweger, Spieler, grosses Kind»
- «Neue Zürcher Zeitung» Nr. 202 vom 2. September 1991: «Seine Maschinen bewegen sich weiter – Jean Tinguely ist gestorben»
- «Harenbergs Personenlexikon des 20. Jahrhunderts», Harenberg Lexikon Verlag, Dortmund
- «Künstler Lexikon» von Robert Darmstaedter, Manfred Pawlak Verlagsgesellschaft mbH, Herrsching, 1979

T.B.A.P.v.H. Paracelsus – der Alchemist aus Einsiedeln
- «Theophrastus Paracelsus – Der Mensch an der Zeitenwende» von Ildefons Betschart, Verlagsanstalt Benziger & Co. AG, Einsiedeln, 1942
- «Ich kam, sah und schrieb», dtv dokumente: Herausgeber Martin Wein, Seiten 188–190, Deutscher Taschenbuch Verlag, München, 1964
- «Paracelsus – Arzt unserer Zeit» von Frank Geerk, Benziger Verlag AG, Zürich, 1992
- «Die Kindheit des Paracelsus» von E.G. Kolbenheyer, Verlag Georg Müller, München, 1923
- «Paracelsus» von Ernst Kaiser (Selbstzeugnisse und Bilddokumente), Rowohl Taschenbuch Verlag GmbH, Reinbek bei Hamburg, 1969
- «Neue Zürcher Zeitung» Nr. 505 vom 29. Oktober 1972 (Theaterbesprechung)
- «Sonderabdruck aus der Gedenkschrift für Ildefons Betschart – Der Mensch als Persönlichkeit und Problem»: Lästerung und Lobpreisung des Paracelsus in Basel», München, 1963
- «Die Paracelsus-Ausstellung der Basler Universitätsbibliothek» von Karl Schwarber, Separatdruck aus dem «Schweizer Sammler», Heft 9/10, 1941
- Manuskript von F.K. Mathys, Basel: «Theophrastus Paracelsus – zum 400. Todestag am 24.9.1941»

- «Il Fenomeno Paracelso» von Robert Blaser, Verlag Università degli Studi di Ferrara, 1963
- «Paracelsus – das Urbild des Doktor Faustus» von Heinz Pächter, Verlag Büchergilde Gutenberg, Zürich, 1955
- «Paracelsus aus wissenschaftlicher Sicht» von Kurt Goldammer, Interview im «Basler Magazin» der «Basler Zeitung», Nr. 32 vom 10. August 1991
- «Paracelsus – ein Nachruf» von Frank Geerk, «Basler Magazin» der «Basler Zeitung», Nr. 32 vom 10. August 1991
- «Paracelsus – der Magus vom Etzel» von Ildefons Betschart, Schweizer Heimatbücher Nr. 57, Verlag Paul Haupt, Bern, 1953
- «Theophrastus von Hohenheim» von Erzbischof Raymund Netzhammer, Sonderabdruck aus der «Schweizerischen Medizinischen Wochenschrift», 56. Jahrgang, Nr. 37, Verlag Benno Schwabe & Co., Basel, 1926
- «Das Rosenkreutzer-Porträt Hohenheims» von Dieter Kerner, aus: «Verhandlungen der schweizerischen Naturforschenden Gesellschaft», 140. Jahressammlung, 1960
- «Theophrastus Paracelsus» von Franz Struntz, Monats-Hefte der Comenius-Gesellschaft, Heft 11/12, 1905
- «Paracelsus – Leben und Lebensweisheit in Selbstzeugnissen», ausgewählt von Karl Bittel, Verlag Philipp Reclam jun., Leipzig, 1945
- «Paracelsus» von E.G. Kolbenheyer, J.F. Lehmanns Verlag, München, 1964
- «Theophrastus Paracelsus – Lebendiges Erbe» präsentiert von Jolan Jacobi, Rascher Verlag, Zürich, 1942
- «Theophrastus Paracelsus Bombastus von Hohenheim, der Luther der Medizin» von Hans Locher, Verlag Meyer und Zeller, Zürich, 1851
- «Paracelsus in Basel» von Robert-Henri Blaser, St. Arbogast Verlag, Muttenz, 1979
- «Paracelsus – Alchimist, Chemiker, Erneuerer der Heilkunde» – Eine Bildbiografie von Lucien Braun, Sonderausgabe, Silva-Verlag, Zürich, 1990
- «Von der Krafft, Würckung und Eigenschaft der Salzsolen» von Paracelsus, herausgegeben von der Ärztevereinigung Rheinfelden/CH, 1944
- «Der Schalk in Paracelsus» von J. Strebel, Schweizerische Medizinische Wochenschrift Nr. 39, 1941
- «Helden und Narren» von Bolko Stern: «Der Monarcha der Ärzte», Seiten 107–144, Ernst Reinhardt Verlag AG, Basel, 1947
- «Briefe von und nach Basel aus fünf Jahrhunderten», ausgewählt, übertragen und erläutert von Johannes Oeschger, Jubiläumspublikation der J.R. Geigy AG, Basel, zum 500-jährigen Bestehen der Universität Basel: Brief von Paracelsus aus Colmar an Bonifacius Amerbach in Basel, vom 4. März 1528

Toya Maissen – eine Bündnerin in Basel
- «Toya Maissen – Links notiert», ausgewählte Texte und Reden, Redaktion Peter Indermaur, Basler AZ-Verlag, 1992
- «Über den Tag hinaus …» Basler Journalisten: Toya Maissen, GS-Verlag, Basel, 1986
- «Das Ereignis – Chemiekatastrophe am Rhein», herausgegeben von Guido Bachmann, Peter Burri und Toya Maissen, Lenos-Verlag, Basel, 1986
- «Schweizerisches Geschlechterbuch», Band XII, Verlag Genealogisches Institut Zwicky, Zürich, 1965
- Privatkorrespondenzen Toya M. Maissen – Hans A. Jenny
- Privatfotografie, zur Verfügung gestellt von Linda Stibler, Basel

Anton Bernhardsgrütter – drei Menschen in einem Original
- «Anton Bernhardsgrütter – Monographie und Werkkatalog», herausgegeben vom Kunstverein Frauenfeld, 1995

- «Weltliteratur im 20. Jahrhundert» von Manfred Brauneck, Rowohl Taschenbuch Verlag AG, 1981 (betr. James Joyce)
- «Neuer Romanführer des 20. Jahrhunderts» von Paul Widmer, Prisma Verlag GmbH, Gütersloh, 1980 (betr. James Joyce)
- Zeichnungen, Kalligramme und Eingeklebtes aus dem Panoptischen Bilderbuch des Anton B., lpc vom 2. März 1987 bis 26. Juli 1991 (in Farbfotokopien) 18 Blätter in Ringheft
- Panoptikum des Anton B., lpc vom 20. Oktober bis 17. November 1997, Seiten 62–112 (in Farbfotokopien)
- Texte, Gedichte, Zeichnungen, Kalligramme, Notizen – ohne Titel vom 26. November 1997 bis 1. März 1998, von Anton Bernhardsgrütter, Seiten 1–62 (in Farbfotokopien)
- Brief Anton Bernhardsgrütter, Bischofszell, an Hans A. Jenny, Tecknau, vom 23. November 1997
- Persönliche Korrespondenzen Bernhardsgrütters mit Kurt Gerber, Basel

Joseph Fäsch – Napoleons Onkel
- «Das Geschlecht der Fäsch zu Basel» von F.A. Stocker in «Vom Jura zum Schwarzwald», Aarau, 1889
- «Basler Biographien», Band III, Verlag Benno Schwabe, Basel, 1905
- «Letizia Bonaparte – Napoleons Mutter in ihren Briefen, mit einer Biographie von Octave Aubry», Eugen Rentsch Verlag, Erlenbach-Zürich, ohne Datum
- «Letizia – die Mutter Napoleons» von R. McNair Wilson, Societäts-Verlag, Frankfurt am Main, 1934
- «Gesammelte Nachrichten von der Familie Fäsch oder Fesch in Basel aus welcher Seine Eminenz der von Sr. Kurfürstl. Gnaden, dem Herrn Kur Erzkanzler zum Coadjutor und Regierungsnachfolger ernannte Herr Kardinal Fesch abstammt», Montag- und Weissische Buchhandlung, Regensburg, 1806
- Einzelblatt «Die unverdiente Ehrung (1797)» aus einer undatierten Verssammlung von Dominik Müller, Basel

Giovanni de Castelmur – ein Zauberschloss in den Alpen
- «Stampa-Coltura: Palazzo Castelmur» von Hans Hofmann, Calanda Verlag, Chur, 1991
- «Unbekannte Schweiz: Graubünden» von André Beerli, Verlag Touring-Club der Schweiz
- «Burgen der Schweiz», Band 2, von Werner Meyer, Silva-Verlag, Zürich, 1982

Léopold Robert – ein Künstlerleben
- «Léopold Robert» von Dorette Berthoud, Rascher Verlag, Zürich, 1944
- «Léopold Robert» von L. Florentin, Editions Sonor, Genève, ohne Datum
- «Künstler-Lexikon» von Robert Darmstaedter, Manfred Pawlak Verlagsgesellschaft mbH, Herrsching, 1979
- «Scènes de l'enfance et de la jeunesse de Léopold Robert» von Dorette Berthoud, OSL Cahier Nr. 182 – Œuvre suisse des lectures pour la jeunesse, Zurich
- «Suicides passionnés, historiques, bizarres, littéraires» par ROMI Editions SERG, Paris, 1964
- «Die Bonapartes» von David Stacton, Paul Zsolnay Verlag, Wien, 1968
- «Allgemeines Lexikon der Bildenden Künstler», Thieme/Becker, Band 28, Verlag E.A. Seemann, Leipzig, 1934
- «Dictionnaire critique et documentaire des Peintres, Sculpteurs, Dessinateurs et Graveurs» von E. Bénézit, Band 9, Verlag Librairie Gründ, Paris, 1976

Alfred Hirschi – der Glöckner von Zug
- «Zuger Nachrichten» vom 30. März 1990
- «Zuger Nachrichten» vom 24. Dezember 1982
- «Zugerkalender» 1958
- Mitteilungen der Familie Knecht in Zug

Mäni Weber – der Star ohne Schirm und Melone
- «Show Information Kultur SF DRS» von Hanspeter Danuser und Hans Peter Treichler, Verlag Sauerländer, Aarau, 1993
- «Tages-Anzeiger», Zürich, vom 2. April 1993
- «Basler Magazin» der «Basler Zeitung» vom 18. Februar 1995
- «Bote der Urschweiz» vom 4. Januar 1997
- «Schweizer Illustrierte» vom 10. Mai 1999
- «Sonntags-Blick» vom 16. Mai 1999
- Persönliche Gespräche mit Hermann Viktor Weber und Fotos aus seinem Privatbesitz

Francesco Borromini – vom Aussiedler zum Einsiedler
- «Borromini» von Antonio Munoz, Verlag der Biblioteca d'Arte Illustrata, Roma, ohne Datum
- «Geld und Geist» von Fritz Wartenweiler, Kapitel, «Francesco Borromini»/ Seiten 8–68, Rotapfel Verlag, Zürich, 1978
- «Schweizer Lexikon», Band 1, Encyclios-Verlag AG, Zürich, 1945

Rolf Zinkernagel – der Nobelpreisträger von nebenan
- Persönliche Mitteilungen und Foto-Dokumentation von Professor Dr. Rolf Zinkernagel

Heinrich Gretler – wortkarger Bewunderer des Wortes
- «Jeremias – Zu Besuch bei ...» von Alfred E. Häsler, Seiten 148/150, Fretz & Wasmuth Verlag AG, Zürich
- «Cornichon – Erinnerungen an ein Cabaret» von Elsie Attenhofer, Benteli Verlag, Bern, 1977
- «Heiri Gretler – der grosse Schweizer Schauspieler» von Werner Wollenberger, Pendo-Verlag, Zürich, 1978
- «Vom Stadttheater zum Opernhaus – Zürcher Theatergeschichten» von Martin Hürlimann, Werner Classen Verlag, Stuttgart, 1980
- «Herrliche Zeiten, 1916–1976 – 60 Jahre Cabaret in der Schweiz» von César Keiser, Benteli Verlag, Bern, 1976
- «Das fing ja gut an ...» von Hans Erismann, Verlag Neue Zürcher Zeitung, 1984
- «Mein Schauspielhaus» von Erwin Parker, Pendo-Verlag, Zürich, 1983
- «Sein oder Nicht sein» von Curt Riess, Buchclub Ex Libris, Zürich, 1963

Otto Ineichen – ein sachlicher Provokateur
- Stiftung Arbeitsplatz Schweiz, Info 1, Februar 1996
- «Der Organisator», Nr. 1–2, Februar 1998
- «Weltwoche spezial», Nr. 1, August 1997
- «SonntagsZeitung» vom 5. April 1998
- «Crossing Boundaries», 27. Internationales Management Symposium, Universität St. Gallen, Mai 1997
- Otto Ineichen: «Unternehmensphilosophie und Profilierungsstrategie von Otto's Warenposten
- Otto Ineichen: «Ich provoziere bewusst»
- Otto Ineichen: «Eine bessere Schweiz ist machbar», 1998
- Otto Ineichen: (Referat) «Strategien erfolgreicher Anpassung»

Zürcher-Uli – Wunderdoktor für Mensch und Tier
– «Zürcher-Uli oder Der Wasendoktor» von Pfarrer Wyss, im Selbstverlag des Verfassers, ca. 1910

Niklaus Riggenbach – die Bahn lernt klettern
– «Erinnerungen eines alten Mechanikers» von Niklaus Riggenbach, Verlag Gute Schriften, Basel, Neuausgabe, 1967
– «125 Jahre Vitznau-Rigi-Bahn – 1871–1996», Bild-Dokumentation der Rigi-Bahnen, Vitznau, 1996
– «Heisst ein Haus zum Schweizerdegen» von Emanuel Stickelberger, Band 2, Seiten 443 und 730, Verlag Otto Walter, Olten, 1939
– «Schweizer Pioniere der Technik», diverse Autoren, ab Seite 109, Verlag Rascher, Zürich, 1920
– «Kohle, Strom und Schienen» (Abschnitt von Thomas Frey über Riggenbach), Herausgeber: Verkehrshaus der Schweiz, Verlag Neue Zürcher Zeitung, 1997
– Aufzeichnungen von Martin Eduard Fischer, Stadtarchiv, Olten

Die Baronin von Saint-Légier – Abenteuerin auf der Insel
– «Das Schicksal der Brissago-Inseln» von Doris Hasenfratz, Edizione Ferien-Journal, Ascona, ca. 1993
– «Die Brissago-Inseln in Vergangenheit und Gegenwart» von Giuseppe Mondada, Verlag Armando Dadò, Locarno, 1975

Catharina Sturzenegger – ein Leben für den Frieden
– «Henry Dunant und die Appenzellerin» von Hans Amann, Weber Druck & Verlag GmbH, Heiden, 1998
– «Neue Zürcher Zeitung» vom 14. Oktober 1929

Anna Waser – Miniaturen für Monarchen
– «Die Frauenzimmer kommen» von Irma Hildebrandt, Eugen Diederichs Verlag, München, 1994
– «Die Geschichte der Anna Waser» von Maria Waser, Zürich, 1978
– «Maria Waser» von Georg Küffer, Schweizer Heimatbücher Nr. 152, Verlag Paul Haupt, Bern, 1971

Wehrhafte Schweizerinnen
– «Helvetias Töchter» von J. Stüssi-Lauterburg und R. Gysler-Schöni, Verlag Huber, Frauenfeld, 1989
– «Bündner Monatsblatt – Zeitschrift für bündnerische Geschichte und Landeskunde», Heft 1/93

Für nachfolgende Abdruckgenehmigungen danken wir herzlich:
– S. 13: *Tinguely-Museum*. Foto von Hans-Jürgen Siegert, Basel.
– S. 17: *Jean Tinguely*. Foto mit freundlicher Genehmigung von Vera Isler.
– S.45: *Anton Bernhardsgrütter*. Bild mit freundlicher Genehmigung des Kunstvereins Frauenfeld. Quelle: «Anton Bernhardsgrütter. Monographie und Werkkatalog», S.141/142, 1995.
– S.56/ 57: *Palazzo Castelmur/Baron Giovanni de Castelmur*. Bilder mit freundlicher Genehmigung des Calanda Verlags. Quelle: «Palazzo Castelmur», Titelbild und S.24,1991.
– S.95: *Nobelpreis-Verleihung*. Foto von Ola Torkelsson, Stockholm, Schweden.
– S. 122: *Niklaus Riggenbach*. Bild mit freundlicher Genehmigung der Orell Füssli Verlag AG.
– S.124/125: *Lok7/Niklaus Riggenbach*. Bilder mit freundlicher Genehmigung der Rigi-Bahnen. Quelle: «125 Jahre Vitznau-Rigi-Bahn 1871–1996, Nr. 11 u. 12.
– S.130: *Catharina Sturzenegger u. Henry Dunant*. Bilder mit freundlicher Genehmigung von Hans Amann und der Stiftung Henry Dunant Museum Heiden. Quelle: Hans Amann.– «Henry Dunant und die Appenzellerin», Titelbild,1998.
– S.137 *Prättigauerin:* Bild mit freundlicher Genehmigung des Bündner Monatsblatt Verlags. Quelle: Bündner Monatsblatt, Titelbild, Heft 1, 1993.

Noch mehr

Schweizer Originale

Porträts helvetischer Individuen

Band 1
broschiert, 127 Seiten
Format: 11×18 cm
CHF 14.80, DEM 16.80
ISBN 3-85819-158-2

Band 2
broschiert, 127 Seiten
Format: 11×18 cm
CHF 14.80, DEM 16.80
ISBN 3-85819-176-0

Band 3
broschiert, 127 Seiten
Format: 11×18 cm
CHF 14.80, DEM 16.80
ISBN 3-85819-187-6

Band 4
broschiert, 144 Seiten
Format: 11×18 cm
CHF 19.80, DEM 22.80
ISBN 3-7245-1034-9

Mit Begeisterung für romantische Nostalgie und geschichtliche Kuriositäten porträtieren Hans A. Jenny und seine Autoren sowohl berühmte als auch berüchtigte Schweizer – eine Bereicherung der Schweizer Geschichtsschreibung und eine vergnügliche Lektüre für Liebhaber von Anekdoten und sonderbaren Charakteren, die garantiert unvergesslich bleiben!